Weihnachten feiern wie früher

GILLA BRÜCKNER

Weihnachten feiern wie früher

THORBECKE

Für meine Kinder

Für die Schwabenverlag AG ist Nachhaltigkeit ein wichtiger Maßstab ihres Handelns. Wir achten daher auf den Einsatz umweltschonender Ressourcen und Materialien.
Dieses Buch wurde auf FSC-zertifiziertem Papier gedruckt. FSC (Forest Stewardship Council) ist eine nicht staatliche, gemeinnützige Organisation, die sich für eine ökologische und sozial verantwortliche Nutzung der Wälder unserer Erde einsetzt.

Bibliografische Information der Deutschen Nationalbibliothek
Die Deutsche Nationalbibliothek verzeichnet diese Publikation in der Deutschen Nationalbibliografie; detaillierte bibliografische Daten sind im Internet über http://dnb.d-nb.de abrufbar.

© 2009 by Jan Thorbecke Verlag
der Schwabenverlag AG, Ostfildern
www.thorbecke.de · info@thorbecke.de

Alle Rechte vorbehalten. Ohne schriftliche Genehmigung des Verlages ist es nicht gestattet, das Werk unter Verwendung mechanischer, elektronischer und anderer Systeme in irgendeiner Weise zu verarbeiten und zu verbreiten. Insbesondere vorbehalten sind die Rechte der Vervielfältigung – auch von Teilen des Werkes – auf photomechanischem oder ähnlichem Wege, der tontechnischen Wiedergabe, des Vortrags, der Funk- und Fernsehsendung, der Speicherung in Datenverarbeitungsanlagen, der Übersetzung und der literarischen oder anderweitigen Bearbeitung.

Gestaltung: Finken & Bumiller, Stuttgart
Gundula Rexin und Dirk Wagner
Gesamtherstellung: Jan Thorbecke Verlag, Ostfildern
Hergestellt in Deutschland
ISBN 978-3-7995-3555-7

Inhalt

Sich erinnern
— 8 —

Vorfreude
— 11 —

Backen
— 21 —

Schenken
— 27 —

Die Natur zur Weihnachtszeit
— 41 —

Schmücken
— 51 —

Bräuche
— 61 —

Draußen feiern
— 71 —

Das Weihnachtsgeheimnis
— 77 —

Kinder
— 85 —

Tafeln
— 93 —

Ein Wunder geschieht
— 105 —

Danksagung, Literatur, Bild- und Textnachweis
— 111 —

NOSTALGISCHE BLECHDOSEN
BERGEN PFEFFERKUCHEN UND
WEIHNACHTSPLÄTZCHEN

Sich erinnern

Einmal im Jahr dürfen wir Erwachsene eintauchen in unsere schönsten Erinnerungen aus der Kindheit: Das große Fest Weihnachten ist seit dem 19. Jahrhundert ein Kinderfest, an dem die ganze Familie teilhat. Es bleibt im Gedächtnis, da es ein Fest ist, das all unsere Sinne anspricht.

Unvergesslich der Geruch des frisch geschlagenen Tannenbaums, der nach seiner Gefangenschaft im Netz in einer frei geräumten Ecke im Wohnzimmer seine Arme ausstrecken durfte. Ein wenig hatte er mit seinem Tannennadelwaldduft schon gegen die köstlichen Gerüche aus Küche und Speisekammer anzukämpfen, die seit etwa vier Wochen verheißungsvoll den Teil des kulinarischen Festes ankündigten, der für uns Kinder am wichtigsten war. Der Ulmer Kuchen, dessen Rezept mit Kunsthonig noch aus der bescheidenen Nachkriegszeit stammte, später die Pfefferkuchen aus den mit Weihnachtsabbildungen vom Anfang des 20. Jahrhunderts verzierten und daher besonders beliebten Blechdosen.

Beide Köstlichkeiten versüßten uns in der Adventszeit das Warten auf das Christkind. In der dunkel getäfelten Essecke der »Villa Löwenherz«, wie das hochherrschaftliche Haus hieß in Erinnerung an die jüdischen Erbauer der gründerzeitlichen Villa, in der wir in den Fünfziger Jahren eine Wohnung beziehen konnten, brannten eine oder mehr rote Kerzen auf einem grünen Adventskranz, der an breiten roten Schleifen an einem ebenfalls roten, hölzernen Ständer hing.

Nie während des übrigen Jahres war die Küche ein so begehrter Aufenthaltsort wie zur Adventszeit, denn hier entstanden die Weihnachtsplätzchen – Sterne oder Monde aus Buttergebäck, das wir Kinder begierig waren, auszustechen und mit Zuckerguss und buntem Streuzucker zu verzieren. Denn nicht aller Teig, der rund um die Förmchen abfiel, musste wieder verknetet werden, die kleineren Teile wanderten in unsere immer aufnahmebereiten Münder als Vorgeschmack auf die Herrlichkeiten der Weih-

nachtstage. Die fertigen Plätzchen kamen dann in die weiße, mit kleinen Sträußchen verzierte Porzellandose mit dem bedeutungsvollen blauen Stempel der Bavaria-Porzellanfabrik. Der Deckel blieb bis zum Heiligen Abend verschlossen. In der dritten Adventwoche begann dann die Vorbereitung der Stollen, meist waren es zwei große, von denen jeder bestimmt drei Pfund wog. Da mussten die Türen geschlossen bleiben, damit der empfindliche Hefeteig richtig »gehen« konnte, und lange knetete unsere Mutter, bis alle Zutaten gut verteilt waren und sich auch nicht zu viele in Rum getränkte Rosinen an der Oberfläche befanden, denn diese verfärbten sich beim Backen schwarz und schmeckten bitter. Endlich konnten die Stollenlaibe zum Bäcker von schräg gegenüber gebracht werden. Aus der Backstube wieder zurück, gebräunt und noch warm, warteten sie auf das Bestreichen mit Butter, die zum Schmelzen auf dem Herd bereitstand. Schnell, bevor sie zu braun wurde, tauchte wieder und wieder der Butterpinsel ein und vollführte auf dem Stollen – keinen Ritz auslassend – einen wahren Hexentanz, bis die Laibe glänzten. Dann folgte noch der Puderzucker …

Wie wir die Gerüche von damals nachempfinden können, so ist es auch mit dem Geschmack, und es kommt nicht von ungefähr, dass wir mit Vorliebe zu Weihnachten Traditionen bewahren, etwa bei der Planung des Festessens. Selbst den Klang des Glöckchens haben wir noch im Ohr, das uns als kleine Kinder endlich hereinrief, nachdem wir doch schon minutenlang die Nasen an der Milchglasscheibe platt drückten, um etwas aus dem Weihnachtszimmer zu entdecken. Langsam sahen wir ein Licht am anderen aufleuchten, dort wo der Baum stehen musste … Nach dem Schellen des Glöckchens setzte die Spieluhr ein, die sich in unserem uralten Weihnachtsbaumständer befand, und gleichzeitig begannen sich die Lichter in einem würdevollen Tanz zu bewegen. Dann öffnete uns die Mutter die Türen weit, in jeder Hand eine brennende Wunderkerze und rief »Fröhliche Weihnachten«. So ungestüm wir uns vorher gebärdeten, traten wir jetzt vorsichtig ein, ein Mal ums andere überwältigt vom Anblick der brennenden Kerzen am sich langsam drehenden Baum.

Ich mag meine Erinnerungen. Im Gespräch mit vielen Menschen zum Thema Weihnachten bekommen die meisten von ihnen einen leicht nostalgisch verklärten Ausdruck in den Augen und sagen dann: »Ja, früher, als wir noch Kinder waren, war es doch viel schöner. Bei uns gab es noch viel Geheimnis, da hat 'das Christkind' kurz vor Heiligabend auch mal ein wenig Lametta verloren.« oder »Bei uns zuhause huschte im Dunkeln etwas Weißes am Fenster vorbei, das war für uns das Zeichen, dass das Christkind uns nicht vergessen hatte« oder »Lange wussten wir nicht, was das mit dem Nikolaus auf sich hat … aber man hat mit niemandem darüber gesprochen, um den Zauber nicht zu zerstören.« Dieses Phänomen, dass es früher schöner, weniger nüchtern war, ist nichts, was wir erst in unserer Generation spüren. Wenn Sie das letzte Kapitel lesen, erfahren Sie, dass auch es auch im London der ersten Hälfte des 20. Jahrhunderts hieß: »Weihnachten ist aus der Mode gekommen«, Menschen sich aller Gefühlsseligkeit abgeneigt gaben. Doch in der Geschichte geschieht etwas mit ihnen, dank eines geheimnisvollen Gastes – wir wollen hier nicht zu viel verraten – öffnen diese Menschen ihre Herzen und verändern sich … So möchte Sie das Buch mit auf eine kleine Reise durch die Vergangenheit in der Weihnachtszeit nehmen. Sie erfahren, wie es früher sein konnte, früher im 19. und 20. Jahrhundert. Manchmal erfahren Sie auch etwas über noch weiter zurückliegende Zeiten. Und vielleicht gelingt es Ihnen beim Schmökern Ideen zu entwickeln, wie Sie sich, Ihren Kindern und Lieben heute noch den Zauber einer besonderen Festzeit entfalten können.

Gilla Brückner

SICH ERINNERN

Vorfreude

Gleich ob es sich um eine Hochzeit, einen Geburtstag oder eben Weihnachten handelt, wir machen uns viele Gedanken um den Ablauf des Festes und um die Lieben, mit denen wir es begehen möchten. Wir malen uns aus, womit wir sie erfreuen können, damit es uns allen in wundervoller Erinnerung bleibt. Vorfreude wirkt Stress dämpfend, sagt uns die Wissenschaft. Wer sich auf ein Fest freut, stimmt seinen Körper harmonisch, von der Seele ganz zu schweigen. Doch es gibt kein Fest außer Weihnachten, bei dem diese Zeit der Vorfreude schon so zu einer festen Einrichtung geworden ist. Hier dauert die Zeit der Vorfreude volle vier Wochen: die Adventszeit. Der Begriff kommt vom lateinischen adventus, »Ankunft«, und bedeutet die Zeit der Erwartung und Vorbereitung auf die Ankunft des Gottessohnes bei den Menschen. Obwohl schon im 6. Jahrhundert von Papst Gregor I. angeordnet, hat sich der Advent in der Kirche erst im 13. Jahrhundert als besondere Zeit im Kirchenjahr durchgesetzt. Ursprünglich war der Advent in der Kirche eine Bußzeit, in der man sich ähnlich wie in der Zeit vor Ostern durch Fasten auf das große Fest vorbereiten sollte. Eine Spur dieser Fastenzeit findet sich vielleicht noch in der Tradition, am Heiligen Abend Fisch, also eine Fastenspeise, zu essen, denn die Fastenzeit endete erst am 25. Dezember.

ADVENTSSCHMUCK IN STRASSEN UND GASSEN STIMMT AUF DIE WEIHNACHTSZEIT EIN.

SCHON LANGE WURDEN IN DER WEIHNACHTSZEIT KRÄNZE AUS TANNENGRÜN GEFLOCHTEN, DOCH ERST ENDE DES 19. JAHRHUNDERTS KAMEN DIE KERZEN HINZU.

Der erste Advent ist der Sonntag vier Wochen vor Weihnachten. Mit ihm beginnt das christliche Kirchenjahr. Die Lesungen oder Predigten in dieser Zeit bereiten die Gläubigen auf die Ankunft ihres Herrn vor und machen sie vertraut mit der hoffnungsfrohen Botschaft der Bibel, dem Gedanken der Erlösung, die die Menschen durch Jesus Christus am Ende aller Zeiten erwartet.

Daneben haben sich jedoch während der letzten Jahrhunderte bis in die jüngste Vergangenheit hinein zahlreiche volkstümliche Adventsbräuche herausgebildet. Aus unserem Umfeld nicht wegzudenken sind die äußeren Zeichen, die diese Zeit der freudigen Erwartung sichtbar machen sollen. Dekorationen in den Einkaufsstraßen unserer Städte, in unseren Vorgärten und besonders natürlich in den Häusern und Wohnungen, wo sie eine besondere, gemütliche und anziehende Atmosphäre schaffen. Deshalb bieten auch die Weihnachtsmärkte in vielen Städten einen Anziehungspunkt, mit einer festlichen Ausstattung der Buden im Lichterglanz, umrahmt von Tannengrün. Es sind gesellige Inseln, wo man sich zum Glühweintrinken verabredet, um dann mit geröteten Wangen an den anderen Buden seinen Weihnachtsschmuck zu ergänzen oder originelle Geschenke zu erstehen. Doch zunächst einmal zum Symbol des Advent, dem Kranz mit seinen Lichtern.

ADVENTSKRANZ UND KERZENLICHT

Wenn die adventlichen Gestecke auch heute oft sehr viel üppiger daherkommen als in früheren Zeiten, so können sie ihren Ursprung nicht leugnen. Ebenso wie beim Christbaum sind zunächst zwei Elemente bestimmend: frisch geschlagenes Wintergrün und Kerzenlicht. Das Entstehen des Adventskranzes lässt sich nicht eindeutig auf einen ganz bestimmten Moment zurückverfolgen, aber das Ineinandergreifen verschiedener Entwicklungen ließ ihn seine heutige Form finden.

Die Idee geht zurück auf den evangelischen Theologen und Gründer der »Inneren Mission« Heinrich Wichern (1808–1881). Zur Bekämpfung des massenhaften Elends rief er in Hamburg eine Art Vorläufer heutiger Kinderdörfer für arme Kinder ins Leben und schenkte ihnen im »Rauen Haus« ein Zuhause und christliche Erziehung. Von den damals 120 000 Einwohner der Stadt lebten mehr als ein Zehntel unter der Armutsgrenze. In seiner diakonischen Einrichtung hielt Wichern seit 1839 für diese Menschen Adventsandachten ab. Dabei wollte er durch neue, sinnfällige Symbole den christlichen Hintergrund der Adventszeit im wahrsten Sinne »ausleuchten«, und so brannten bis zu 28 Kerzen auf einem Radleuchter, beginnend mit der Kerze für den 1. Adventssonntag (der ja oft noch in den November fällt). Jeden Tag kam eine Kerze hinzu bis zum Heiligen Abend. So schuf der Theologe einen adventlichen Lichtkalender, dessen Kerzen sich auf einem hölzernen, mit Tannengrün geschmückten Reifen befanden.

Noch existiert also kein gebundener Kranz, wie wir ihn heute kennen, dessen vier Kerzen die vier Adventssonntage kennzeichnen.

Diesen Schritt vollzieht offenbar die Jugendbewegung mit ihrer schwärmerischen Naturbegeisterung vom Anfang des 20. Jahrhunderts. Ihre Vorstellungen fließen in die zeitgenössische kunstgewerbliche Gestaltung ein, sodass eine Anzeige in der Zeitschrift *Dekorative Kunst* 1916 einen gebundenen Kranz mit der Bezeichnung *Lichterkrone* anpreist, hergestellt in einer *Schule für Blumenschmuck*. Und ganz offensichtlich gefällt dieser Kranz, denn im Laufe des Ersten Weltkriegs verbreitet sich die Sitte, einen derartigen Adventskranz mit Lichtern aufzustellen oder an einen Ständer zu hängen von Norddeutschland ausgehend über ganz Deutschland in den Familien.

Anfangs verdankt der Kranz seine Beliebtheit wohl auch der Mischung zwischen weihnachtlichem Symbol und vaterländischem Zeichen in Lazaretten oder Unterständen, in denen die Soldaten auf das deutsche Weihnachtsfest eingestimmt werden. So verbreitet sich die Sitte schnell in Deutschland und bleibt zunächst auch auf Deutschland beschränkt. Wie auch beim Weihnachtsbaum verhalten sich protestantische Regionen dieser Neuerung gegenüber aufgeschlossener als katholische Gebiete, setzt sie sich in Städten schneller durch als auf dem Land. Inzwischen hat sich der Kranz überall durchgesetzt, bei Katholiken, Protestanten wie auch bei Menschen ohne kirchliche Bindung.

Ein weiteres adventliches Symbol ist der Herrnhuter Stern. In seiner charakteristischen, vielzackigen Form verweist er auf den Stern von Bethlehem und entstammt der pietistischen Tradition der Herrnhuter Brüdergemeine vom Ende des 19. Jahrhunderts. Ein findiger Papierfabrikant kam auf die Idee, aus dem ursprünglich reinen Bastelartikel mit komplizierter Anleitung einen serienmäßig herstellbaren Artikel zu machen und sorgte damit für zunehmende Popularität. Wenn man ein wenig Zeit erübrigt, lässt sich auch

DER HERRNHUTER STERN WURDE FRÜHER VON HERRNHUTER SCHÜLERN HERGESTELLT

heute noch mit ein wenig Geschick, einer Bastelanleitung und entsprechendem Material ein echter Herrnhuter Stern herstellen. Kommen wir noch einmal auf den Radleuchter von Heinrich Wichern zurück. Hier zeigt sich zum ersten Mal der Gedanke eines *Adventskalenders*, auch wenn dieser Begriff natürlich nicht genannt wird. Dem Theologen ging es darum, die Tage bis zum Heiligen Abend zu zählen. Ob durch ihn angeregt oder durch Überlegungen anderer, wahrscheinlich noch im 19. Jahrhundert, einer Zeit, in der viel mehr in Eigenarbeit hergestellt wurde, haben Eltern für ihre Kinder Weihnachtskalender gebastelt. Die ersten kommerziell hergestellten Adventskalender gab es zu Beginn des 20. Jahrhunderts. Der älteste gedruckte Adventskalender in Form einer Uhr wurde 1902 in Hamburg verkauft. Lange ist die Fachwelt davon ausgegangen, dass der eigentliche Erfinder der Pfarrer Gerhard Lang (1881–1974) war, mit seinem 1904 erschienenen Kalender *Im Lande des Christkinds*. Seine Kalender folgen der Tradition des Ausschneidebogens: Bild für Bild wird ausgeschnitten und auf ein entsprechendes Versfeld aufgeklebt. Die nachfolgenden Leipziger Adventskalender waren besonders beliebt wegen der Darstellungen des bekannten Bilderbuchmalers Fritz Baumgarten, gearbeitet für die Graphische

15 | VORFREUDE

ADVENTSKALENDER FÖRDERN DIE VORFREUDE BEI GROSS UND KLEIN.

WEIHNACHTSSTIMMUNG IM SIEBENBÜRGISCHEN KRONSTADT (BRASOV)

WEIHNACHTSMARKT UM 1903
AUS DER ILLUSTRIRTEN ZEITUNG

Kunstanstalt Meißner & Buch. Süßmäulchen konnten sich seit den 1920er Jahren freuen, denn nun entwickelte die Schokoladenindustrie die Geschäftsidee, Adventskalendertürchen mit kleinen Schokoladenteilchen zu füllen. Große Marktanteile hatte hier die Dresdner Firma Petzold & Aulhorn inne. Etwa ein Jahrzehnt später haben europäische Nachbarländer den Gedanken des Weihnachtskalenders übernommen, der mit den amerikanischen Besatzungssoldaten und ihrer Freude an deutschen Weihnachtsbräuchen schließlich auch den Sprung über den großen Teich machte.

WEIHNACHTSMÄRKTE

Sehr viel weiter als der Adventskranz reicht die Tradition der Weihnachtsmärkte zurück. Diese dienten ursprünglich der Versorgung mit Nahrungsmitteln für die Festtage und fanden am Heiligabend oder am Tag davor statt. Die Händler brachten den Festtagsbraten vom bäuerlichen Hof oder die Fische aus dem nahen Fluss. Mit der Zeit waren dann alle Handwerke vertreten. Mittlerweile sind die Märkte mit ihren anheimelnd geschmückten Buden, den Duft von Glühwein, Kerzenwachs und Weihnachtsgebäck verströmend, fast auf der ganzen Welt ein Begriff. Weihnachtsmärkte in Deutschland, Österreich und der Schweiz, nicht zu vergessen im Elsass, ziehen wegen ihres besonderen Flairs und ihrer Tradition Touristen von weither an. Besonders stimmungsvoll treten die Märkte dabei in einer historischen Umgebung auf, einem Schloss, einer Burg oder einer Altstadt. Der Hauptmarkt in Nürnberg mit seinen einhundertachtzig Buden, die sich dicht aneinander drängen, ist solch ein Beispiel. Er besteht seit mindestens 350 Jahren. Vielleicht erleben wir den *Nürnberger Christkindlesmarkt* ja sogar im Schneegestöber und blicken vor dem dunklen Winterhimmel auf die Monumente aus der Zeit der freien Reichsstadt Nürnberg, die Frauenkirche, den Schönen Brunnen und die Kirche Sankt Sebald, die im Scheinwerferlicht dem Platz sein unverwechselbares Aussehen verleihen. Dresden reicht mit seinem berühmten *Striezelmarkt* bis ins 15. Jahrhundert zurück. Urkundlich verbrieft ist ein 1434 erstmals genehmigter Fleischmarkt, der den Anfangspunkt markiert. Der Weihnachtsmarkt nennt sich nach dem leckeren Weihnachtsgebäck Striezel, was soviel wie Stollen oder Christwecken bedeutet und neben Leb- oder Pfefferkuchen und Früchtebrot die größte Nachfrage erfährt, besonders als Dresdner Stollen. Auf diesem Markt wurde um 1700 das erste bemalte Holz-

17 | VORFREUDE

spielzeug aus dem Erzgebirge angeboten. In Zeiten großer Armut traf man auf diesem Markt die so genannten Striezelkinder an. Bis in die 1930er Jahre boten sie Selbstgebasteltes zum Kauf – für einen Hungerlohn.

✷

Eines Morgens, noch ehe Ferien waren, hafteten an den Straßenecken die grünen Siegel, die die Stadt wie ein großes Weihnachtspaket an hundert Ecken und Kanten zu sichern schienen. Dann barst sie eines schönen Tages dennoch, und Spielzeug, Nüsse, Stroh und Baumschmuck quollen aus ihrem Innern: der Weihnachtsmarkt. Mit ihnen aber quoll noch etwas anderes hervor. Die Armut. Wie nämlich Äpfel und Nüsse mit ein wenig Schaumgold neben dem Marzipan sich auf dem Weihnachtsteller zeigen durften, so auch die armen Leute mit Lametta und bunten Kerzen in den bessern Vierteln. Die Reichen aber schickten ihre Kinder vor, um denen der Armen wollene Schäfchen abzukaufen oder Almosen auszuteilen …

besinnt sich der Soziologe Walter Benjamin (1892–1940), selbst aus einer großbürgerlichen Familie stammend, auf das vorweihnachtliche Geschehen in Berlin um 1900.
In Frankfurt zieht sich der aus dem Mittelalter stammende *Christkindchesmarkt* durch weite Teile der Innenstadt, so etwa über den Römerberg oder den Paulsplatz, aber auch am Mainkai entlang. Traditionelle typische Gebäckarten stehen hier im Zeichen der Mandel beziehungsweise des Marzipans und heißen Brenten oder Bethmännchen.

Durchgefroren oder vom Glühwein erwärmt breitet der Besucher des Weihnachtsmarkts zuhause die erbeuteten Schätze aus: Geschenke für die Lieben, vielleicht auch eine Kleinigkeit, um sich selbst auf den Advent einzustimmen – eine neue Form zum Ausstechen der Plätzchen, ein adventliches Fensterbild oder auch eine Krippenfigur? Allein dafür lohnt es sich doch, eine kleine Sammlung solcher Dinge zu hegen, damit man jedes Jahr wieder einen Grund hat, auf den Weihnachtsmarkt zu gehen. ✷

KINDER VERKAUFTEN WEIHNACHTSSCHMUCK
AUF DEM BERLINER WEIHNACHTSMARKT.

Backen

Eigenes Weihnachtsgebäck zu backen, gehört zu den besonderen Freuden der Adventszeit. Und man kann es wunderbar verschenken! Bleiben wir noch in Frankfurt und bei seinen Spezialitäten. Der berühmteste Sohn der Mainmetropole, der Dichterfürst Johann Wolfgang von Goethe, zählte zu den Liebhabern der Brenten und ließ sie sich angeblich von seiner Mutter aus seiner Geburtsstadt nach Weimar schicken. Ist das nicht ein Grund, sie einmal auszuprobieren? Das Rezept der Frankfurter Leckerei verrät uns der Dichter Eduard Mörike (1804–1875).

FRANKFURTER BRENTEN

✳

Mandeln erstlich, rat' ich dir,
Nimm' drei Pfunde, besser vier
(Im Verhältnis nach Belieben);
Diese werden nun gestoßen
Und mit ordinärem Rosen-
wasser feinstens abgerieben.

Je aufs Pfund Mandeln akkurat
Drei Vierling Zucker ohne Gnad'!
Denselben in den Mörsel bring',
Hierauf ihn durch ein Haarsieb schwing.

Von deinen irdenen Gefäßen
Sollst du mir dann ein Ding erlesen,
Was man sonst eine Kachel nennt,
Doch sei sie neu zu diesem End'!
Drein füllen wir den ganzen Plunder
Und legen frische Kohlen unter.

Jetzt rühr' und rühr' ohn' Unterlaß,
Bis sich verdicken will die Mass',
Und rührst du eine Stunde voll!
Am eingetauchten Finger soll
Das Kleinste nicht mehr hängen bleiben;
So lange müssen wir es treiben.

Nun aber bringe das Gebrodel
In eine Schüssel (der Poet,
Weil ihm der Reim vor allem geht,
Will schlechterdings hier einen Model,
Indes der Koch auf ersterer besteht.)
Darinne drück's zusammen gut!

IN ALTER ZEIT WURDEN DIE PLÄTZCHEN BIS ZUM HEILIGABEND AUFGEHOBEN, NUR AM TEIG WURDE VORHER GENASCHT.

Und so hat es über Nacht geruht,
Sollst du's durchkneten Stück für Stück,
Auswellen messerrückendick.
Je weniger Mehl du streuest ein,
Um desto besser wird es sein.

Alsdann in Formen sei's geprägt,
Wie man bei Weingebacknem pflegt;
Zuletzt – das wird der Sache frommen –
Den Bäcker scharf in Pflicht genommen,
Daß sie schön gelb vom Ofen kommen!

Die »Formen«, von denen der Dichter spricht, sind Holzmodel, die den Brenten verschiedene kleine Bildchen aufprägen und ihnen ihre rechteckige Form geben. Weihnachtsgebäck aus Modeln kennt man auch in Schwaben als »Springerle« und am Niederrhein unter dem Namen Spekulatius. Überhaupt gehört Gebäck, das Themen der Weihnachtsgeschichte in Bildern darstellt, seit jeher zur Weihnachtszeit: Vielleicht lieben es die Kinder, bei denen das Auge noch weit mehr mitisst als bei Erwachsenen, deshalb besonders.

In ihren Erinnerungen *Weihnachten bei Theodor Storm* schildert die Tochter Gertrud Storm (1865–1936), wie sie als Kind an den Backvorbereitungen die bevorstehende Weihnachtsfreude verspüren durfte.

In der Essstube ist großes Kuchenbacken. Unsere Mutter und die Mädchen stehen mit aufgekrempelten Ärmeln. Sie rollen weißen und braunen Kuchenteig aus, der in großen Steintöpfen um den Ofen herum steht. Große schwarze Platten stehen bereit, die verschieden geformten Kuchen aufzunehmen, die dann von den Mädchen zum Bäcker getragen werden.

Auch wir Kinder haben unseren Teil bekommen. Wir stehen an unserem kleinen Kindertisch, ein weißes Nachthemd über unsere Kleider, ein gezipfeltes Taschentuch auf dem Kopfe. Jedes von uns hat ein Klümpchen weißen und braunen Kuchenteig vor sich, der bald unter unseren geschäftigen kleinen Händen in die wunderbarsten Dinge gewandelt wird. Die Tür öffnet sich, und unser Vater tritt mit dem freundlichsten Leuchten seiner blauen Poetenaugen ins Zimmer.

»Ihr seid ja alle gewaltig in der Fabrik«, neckt er und bewundert unsere herrlichen Schöpfungen, von denen man meistens nicht zu erkennen vermag, was sie vorstellen sollen. Es beginnt nun ein heimliches Geflüster zwischen Vater und uns, und es gelingt uns, Vater einige kleine Weihnachtsüberraschungen verraten zu lassen, die unsere Freude am Weihnachtsabend keineswegs verringert.

Nichts bleibt Kindern in so köstlicher Erinnerung wie das gemeinsame Backen von Plätzchen oder ähnlichem Weihnachtsgebäck. Sie werden es nicht bereuen, wenn Sie es mit Ihren

KINDER HELFEN MIT FEUEREIFER BEIM BACKEN EINFACHE AUSSTECHERPLÄTZCHEN.

Kleinen ausprobieren, auch wenn sich hinterher eine dünne Schicht von Mehlstaub über die ganze Küche legt. Denken Sie an Zuckerguss, Liebesperlen, Schokoladenplätzchen und andere leicht zu beschaffende und für abwechslungsreiches Dekor sorgende Artikel. Die Kleinen sollten mit ihren Dekorationswünschen durchaus ernst genommen werden, es kann ihrer Kreativität und ihrem schöpferischen Drang nur förderlich sein. Sie können derweil von den kleinen Bäckern drollige Fotos machen nach dem Motto »Vorher – Nachher« und haben, zusammen mit dem Selbstgebackenen, gleich für Omas und Opas, Tanten und Onkel kindgerechte Geschenke. Um die Herstellung zu erleichtern und

23 | BACKEN

DER CHRISTSTOLLEN ENTHÄLT DIE LECKEREIEN FRÜHERER WINTERZEITEN: TROCKENFRÜCHTE UND MANDELN.

Tränen zu vermeiden, sollten Sie nur einfache Rezepte nehmen. Kleine Schürzen und vielleicht auch Kochmützen vergrößern den Spaß. Die Größenanpassung an die Küchenarbeitsplatte ist wichtig, daher haben wir kleine Hocker bzw. umgedrehte Spielzeugkisten unter die Füße gestellt. Damit wird der kindliche Überblick gewährleistet!

Wenn sich die Kinder an den verschiedenen Formen der Ausstecherplätzchen freuen, ob es nun Sterne, Christbäume, Herzen oder Nikoläuse sind, sind ihnen die alten Wurzeln dieser Darstellungen nicht bewusst. Volkskundler nennen solches Gebäck Gebildbrote. Sie vermuten, dass es ursprünglich verschiedene Aufgaben im Glauben und Aberglauben der Menschen hatte: Als Ersatz für ein echtes Tieropfer wurde wohl manchmal nur ein Brot in dieser Form geopfert, bei anderen Gelegenheiten sollte das Bild den Menschen Glück bringen, die das Brot aßen. Während es heute eine nette Geste ist, mit etwas Selbstgebackenem Nachbarn oder Freunde zu überraschen, präsentierten die Menschen es früher wohl den Göttern und Geistern, um sie versöhnlich zu stimmen und für sich einzunehmen. Das Gebäck fügt sich damit in die Reihe der traditionellen Gepflogenheiten, bestimmte Speisen zu bestimmten Anlässen zu verzehren, und zwar nicht allein wegen ihres Geschmacks, sondern um ihrer erhofften Wirkung willen. Heute ist es der Genuss, den wir suchen, und weil der Stollen ein so delikates Weihnachtsgebäck ist, hier das Rezept für einen Dresdner Christstollen – ursprünglich auch ein Gebildbrot, da er das Christkind als Wickelkind darstellen sollte.

DRESDNER Christstollen
✳ ✳ ✳

500 g Sultaninen, 100 g Korinthen, 4–6 EL Rum, 1 kg Mehl, 80 g Hefe, 200 g Zucker, ¼ l Milch, 350 g Butter, etwas Salz, abgeriebene Schale einer ungespritzten Zitrone, 1 Msp. Kardamom, 250 g gehackte Mandeln, 100–150 g Zitronat, 50–100 g Orangeat, 125 g Butter zum Bestreichen, 150 g Puderzucker, etwas weißen Rum.

Wie jedes Hefegebäck braucht das Ganze zum Gelingen eine gleichmäßig warme, zugfreie Umgebung. Sultaninen und Korinthen über Nacht im Rum quellen lassen. Das Mehl kommt in eine große Schüssel, die Hefe wird zerbröckelt und mit etwas Zucker und Milch in eine Vertiefung des Mehles hinein gegeben. Die Schüssel wird nun abgedeckt, der Teig »geht« – die Zeit hängt von der Umgebungstemperatur ab. Nach ein paar Stunden den restlichen Zucker, die lauwarme Milch und die leicht angewärmte Butter zum Teig hinzugeben, mit Salz, Zitronenschale und Kardamom würzen, kneten, kneten, kneten. Anschließend Mandeln, Sultaninen, Korinthen, Zitronat und Orangeat hinzufügen und weiter kneten. Nochmals eine Stunde gehen lassen. Stollen formen, äußere Sultaninen bzw. Korinthen in den Teig hineindrücken. Oberflächen mit Wasser bepinseln, nochmals kurz gehen lassen. Im Backofen bei ca. 170°–180° C (ein Schälchen mit Wasser im Ofen sorgt für Feuchtigkeit) eine Stunde backen, je nach Stollengröße Backzeit um 10–30 Minuten verlängern (Stöckchenprobe). Anschließend mit Butter bepinseln und mit einem Guss aus Puderzucker und weißem Rum begießen. Stollen erkalten lassen, gut verpacken und vor dem Verzehr erneut mit etwas Puderzucker »weißeln«.

Der bayerische Schriftsteller Ludwig Thoma (1867–1921) lässt uns in seiner Geschichte *Kinderzeit* an seinen Beobachtungen an der unerwarteten Hilfestellung der Männer bei der Fertigung weihnachtlicher Bäckereien teilhaben.

Der erste Schnee erregte schon liebliche Ahnungen, die bald verstärkt wurden, wenn es im Hause nach Pfeffernüssen, Makronen und Kaffeekuchen zu riechen begann, wenn am langen Tische der Herr Oberförster und seine Jäger mit den Marzipanmodeln ganz zahme, häusliche Dienste verrichteten, wenn an den langen Abenden sich das wohlige Gefühl der Zusammengehörigkeit auf dieser Insel, die Tag um Tag stiller wurde, verbreitete.

Um »das wohlige Gefühl der Zusammengehörigkeit« und die Wartezeit auf Weihnachten voll auszukosten, können Sie auch Bratäpfel oder Äpfel im Schlafrock zubereiten und als kleine Zwischenmahlzeit genießen. Lecker und leicht herzustellen sind auch Gebrannte Mandeln oder Zuckerwalnüsse, selbst hergestellt immer etwas Besonderes. Zu den Äpfeln können Sie Ihren Kindern erzählen, dass es im Paradies bei Adam und Eva schon die schönsten Früchte gab und dass dem Apfel Weihnachten eine besondere Rolle zufällt als Erinnerung an das Paradies. Kinder lieben es, wenn alles sein »Warum« und seine Geschichte hat. Mit der Nuss hat es noch eine besondere Bewandtnis: Ihre harte Schale steht für die Krippe, der Kern hingegen für das Christkind. Dazu die entsprechenden Kerzen am Adventskranz anzünden, vielleicht stimmen Sie auch ein Lied danach an – die Kinder verfügen schon vom Kindergarten an über einen nicht zu unterschätzenden Liedschatz – und schon ist wieder einer der aus dem Alltag herausragenden Adventnachmittage gelungen. ✳

25 } BACKEN

Schenken

Geschenkt wird zur Weihnachtszeit seit urdenklichen Zeiten: Die alten Römer feierten zur Wintersonnenwende das Saturnalienfest mit kleinen Geschenken, meist Kerzen, und die Christen beschenken sich, weil sie sich zu Weihnachten von Gott beschenkt fühlen. Natürlich sind auch die Drei Heiligen Könige leuchtende Vorbilder, die das Jesuskind mit Gold, Weihrauch und Myrrhe beschenkten.

NIKOLAUS

In einer Zeit, als die Geschenke noch nicht vorwiegend am Heiligen Abend unter den Tannenbaum gelegt wurden, entwickelten sich so genannte Einlegebräuche. Wir kennen sie seit dem 16. Jahrhundert, als der heilige Nikolaus in den Häusern seine Tätigkeit aufnahm und kleine Geschenke an seinem Namenstag, dem 6. Dezember, in Schuhe oder Strümpfe steckte.
Wenn wir nach der Herkunft des Nikolaus fragen, müssen wir zunächst ein gutes Jahrtausend in der Geschichte zurückblättern.

Um das Jahr 1000 blickte der deutsche Kaiser Otto I. bewundernd nach Byzanz (dem heutigen Istanbul), wo ebenfalls ein Kaiser über das oströmische Reich herrschte. Verständlich daher, dass sein Sohn Otto mit Theophanu, einer Prinzessin aus Byzanz, verheiratet wurde. Durch ihren Einfluss erfährt der Kult des heiligen Nikolaus aus ihrer Heimat auch in der römischen Kirche eine lebhafte Steigerung. Während er von der griechisch-orthodoxen Kirche bereits ab dem fünften Jahrhundert verehrt wird, erlangt Nikolaus vom elften Jahrhundert an im Einflussbereich

der römisch-katholischen Kirche große Beliebtheit, er wird zum bedeutendsten Heiligen des Mittelalters: Über 2000 Kirchen werden ihm im Abendland geweiht. In seiner Gestalt mischen sich zwei legendäre Persönlichkeiten, einmal Nikolaos, Bischof von Myra (in der heutigen Türkei) aus dem 4. Jahrhundert, und dann der etwa 200 Jahre jüngere Abt Nikolaus von Sion (ebenfalls in der Türkei).

Dem Bischof wird nachgesagt, er habe den drei Töchtern eines verarmten Edelmanns Goldklumpen als Mitgift geschenkt. Dies geschah heimlich, darum beschenkt Nikolaus bis heute die Kinder ebenso unbemerkt, während sie schlafen. Der Abt wiederum erweist sich als wundertätiger Retter dreier Schüler, die von einem Gastwirt umgebracht worden sind. Er hat sie wieder zum Leben erweckt und gilt fortan als himmlischer Kinderfreund. Die sich miteinander vermischenden Legenden werden immer wieder auf Wandmalereien, Altartafeln oder Kirchenfenstern dargestellt und damit im Gedächtnis der Menschen lebendig gehalten. Bis um 1800 erhielten die Kinder am 6. Dezember vom Nikolaus Geschenke, danach entwickelte sich langsam das Bescheren an und unter dem Christbaum am ersten Weihnachtsfeiertag.

Sankt Nikolaus und seine Stellvertreter oder Begleiter fungierten jedoch nicht nur als mildtätige Schenker. Die Erwachsenen nutzten das hohe kirchliche Ansehen des Heiligen und den Angst einflößenden Ruf seiner Begleiter, um mit ihnen die Kinder zu disziplinieren. Denn der Heilige kam im Allgemeinen nicht allein, er erhielt einen Weggefährten. Wie dieser auch immer hieß, ob Knecht Ruprecht, Schmutzli in der deutschen Schweiz, der Zwarte Piet in den Niederlanden, Belznikel oder Krampus in Österreich, er spielte den Gegenpart und verkörperte das Böse, den Teufel. Die Aufgaben waren geteilt, Nikolaus belohnte, sein Begleiter strafte auf dessen Geheiß. Die Kinder konnten dabei mit Ruten oder Rohrstock gezüchtigt werden, wie es ja noch bis nach dem Zweiten Weltkrieg in Schulen und manchen Familien der Fall war, oder man drohte, sie in den mitgeführten Sack zu stecken – Ausgang unbekannt. Am schlimmsten war sicher der seelische Druck, wenn als Höchststrafe »Kinderfresserei« im Raum stand.

Sankt Nikolaus hingegen wurde zum unbestechlichen Wächter über Tugend und Gehorsam der Heranwachsenden. Gebetsübungen mussten zum Nachweis an so genannten Klausenhölzern eingekerbt und vorgezeigt werden.

DIE ILLUSTRIRTE ZEITUNG ZEIGTE 1908 DIE ERSTE BEGEGNUNG EINES KINDES MIT DEM – ZUM GLÜCK RECHT NIEDLICHEN – KRAMPUS.

SEID IHR AUCH BRAVE KINDER GEWESEN?
VERDIENT IHR NÜSSE ODER DEN BESEN?

DER WEIHNACHTSMANN

»Morgen kommt der Weihnachtsmann, kommt mit seinen Gaben«, so lautet die erste Strophe des Kinderliedes *Der Weihnachtsmann* von August Heinrich Hoffmann von Fallersleben (1798–1874). Warum hatte sich der Lyriker und Professor für deutsche Sprache ausgerechnet für den Weihnachtsmann als Gabenbringer entschieden? Wäre er katholisch gewesen und 50 Jahre älter, hätte er wohl den heiligen Nikolaus bevorzugt. Allein, er war aus dem protestantischen Norden und kam in einer Zeit auf die Welt, als die Kinder in der Familie einen neuen Stellenwert erhielten.

Nicht mehr der bloße Gehorsam zählte, sondern die Erwachsenen lernten, Rücksicht auf das kindliche Gemüt und seine Seele zu nehmen. Das Kind stand nun plötzlich im Mittelpunkt eines neuen Festes Weihnachten, das sich zum Kinderbescherfest wandelte. Die derben Einkehrspäße, die bis etwa 1800 zum Nikolaustag Schrecken verbreiteten, hörten allmählich auf. Dieses Umdenken erfasste alle Gebiete in Deutschland, der erste Weihnachtstag mit seinem neuen Symbol, dem Gaben- oder Christbaum drängte den Nikolaustag als Beschertag in den Hintergrund.

Die Überbringer der Gaben jedoch waren regional unterschiedlich. Im Süden, Westen und Südwesten Deutschlands, in den traditionell katholischen Gebieten, aber auch im protestantischen Thüringen brachte das Christkind die Geschenke. Hier hatte einst Martin Luther versucht, den heiligen Nikolaus der katholischen Kirche abzuschaffen und an seine Stelle den heiligen Christ zu setzen. Doch wie viel lebendiger ist der Begriff Christkind, der sich rasch durchsetzte.

Der Weihnachtsmann hingegen, wie er in den 1860er Jahren auch den so begehrten Neuruppiner Bilderbögen sogar in Form eines Hampelmanns zu entnehmen war, beflügelte die Fantasie der Kinder. Er galt ihnen als ein Warmherzigkeit ausstrahlender Diener eines Himmels, aus dem zu Weihnachten die Geschenke nur so purzeln, die die Engelchen in ihren Werkstätten das ganze Jahr über mit großem Fleiß herstellen, und die direkt auf die Wünsche der Kleinen zugeschnitten sind.

Dieser Gabenbringer verbreitete weder Angst noch Schrecken und war eine weltliche Erscheinung, losgelöst von religiös aufgeladenen Symbolen. Häufig wird er zusammen mit dem Christkind abgebildet, wie er, gewissermaßen als dessen Beschützer, einmal im Jahr auf die Erde kommt. Wir dürfen nicht vergessen, dass wir uns im 19. Jahrhundert in einem Jahrhundert des Umbruchs befinden, in dem das Weihnachtsfest zur großen Familienfeier wurde. Das Schenken rückte in den Mittelpunkt des Festes, wie dies ja heute noch der Fall ist.

29 | SCHENKEN

WOHLTÄTIGES SCHENKEN

Das Schenken hat zwei Seiten, den Schenker und den Beschenkten, und manchmal ist nicht klar, welcher von beiden größere Freude erfährt. So ergeht es dem Junggesellen Peregrinus Tyß, den E.T.A. Hoffmann (1776–1822) in seiner Erzählung *Meister Floh* als einsamen und verwaisten Städter schildert, nicht mehr ganz jung und noch nicht alt. Jedes Jahr beschert er eine arme Familie zu Weihnachten.

Wenn dann die Kinder in der hellsten, lebendigsten Freude, schlich er leise davon und lief oft die halbe Nacht über durch die Straßen, weil er sich vor tiefer, die Brust beengender Rührung gar nicht zu lassen wusste und sein eignes Haus ihm vorkam wie ein düstres Grabmal, in dem er selbst mit allen seinen Freuden begraben.

Anderen, armen Kindern eine Freude zu bereiten, lässt unseren Junggesellen die eigene Kindheit mit den damals erfahrenen Wohltaten vor sein geistiges Auge treten. Während er selig in seinen Erinnerungen schwelgt, stößt er bei einem Freund auf völliges Unverständnis und erntet herbe Kritik. Er schimpft mit Tyß: »Du bescherst Dir selbst den Heilgen Christ ein und tust, als seist du noch ein Kind, dann schenkst du aber die Gaben, welche von der Art sind, wie sie wohl verwöhnten Kindern in reicher Eltern Hause gespendet zu werden pflegen, armen Kindern. Aber du bedenkst nicht, dass es den Armen eine schlechte Wohltat ist, wenn Du einmal ihren Gaumen kitzelst und sie nachher ihr Elend doppelt fühlen.« – Dieses Urteil über Weihnachtsfreuden, die Armen zuteil werden, erscheint ungewöhnlich hart und abfällig. Gustav Freytags (1816–1895) Äußerung, »...süßer ist für Andere sorgen als für sich selbst, und Freude zu machen seliger als Freudiges zu empfangen« trifft da wohl eher die

DAS WEIHNACHTSFEST WURDE ZUM FAMILIENFEST, BEI DEM DIE KINDER IM MITTELPUNKT STANDEN.

Überzeugung wohlhabender Bürger im 19. Jahrhundert. Für sie gehört es dazu, das Hausgesinde oder so genannte Hausarme mit Geschenken zu bedenken und sogar eine Feier für sie zu gestalten. Denn große Teile der Bevölkerung in Deutschland sind zu dieser Zeit bitterarm, leiden Hunger und Mangel. Und man ist davon überzeugt, dass Hartherzigkeit zu Weihnachten Unglück bringe, ein Weihnachtsgast hingegen Glück. E.T.A. Hoffmann geht sogar so weit, die *verhängnisvolle Weihnachtsbescherung* als *das Nest der wunderbarsten, tollsten Ereignisse* auszumachen und seinen Helden Tyß nach vielen romantischen Abenteuern für dessen Mildtätigkeit in der Familie des armen Buchbinders Lämmerhirt mit der wahren Liebe zu belohnen: Am Ende darf er mit Röschen, der ältesten Tochter des Buchbinders, glücklich werden.

DES FREMDEN KINDES HEILIGER CHRIST

Der deutsche Orientalist und Dichter Friedrich Rückert (1788–1866) schrieb ein Gedicht, das Johann Baptist Sonderland (1805–1878) vermutlich für seine Darstellung zum Anlass genommen hat. Beide Werke tragen den Titel *Des fremden Kindes heiliger Christ*.

DES FREMDEN KINDES HEILIGER CHRIST

Es läuft ein fremdes Kind
am Abend vor Weihnachten
durch eine Stadt geschwind,
die Lichter zu betrachten,
die angezündet sind.

Es steht vor jedem Haus
und sieht die hellen Räume,
die drinnen schaun heraus,
die lampenvollen Bäume;
weh wird's ihm überaus.

Das Kindlein weint und spricht:
»Ein jedes Kind hat heute
Ein Bäumchen und ein Licht,
und hat dran seine Freude,
nur bloß ich armes nicht!

An der Geschwister Hand,
als ich daheim gesessen,
hat es mir auch gebrannt;
doch hier bin ich vergessen
in diesem fremden Land.

Lässt mich denn niemand ein
und gönnt mir auch ein Fleckchen?
In all' den Häuserreih'n,
ist denn für mich kein Eckchen,
und wär' es noch so klein?

Lässt mich denn niemand ein?
Ich will ja selbst nichts haben,
ich will ja nur am Schein
der fremden Weihnachtsgaben
mich laben ganz allein!«

Es klopft an Tür und Tor,
an Fenster und an Laden,
doch niemand tritt hervor,
das Kindlein einzuladen;
sie haben drin' kein Ohr.

Ein jeder Vater lenkt
den Sinn auf seine Kinder;
Die Mutter sie beschenkt,
denkt sonst nichts mehr noch minder.
Ans Kindlein niemand denkt.

»O lieber, heil'ger Christ!
Nicht Mutter und nicht Vater
hab' ich, wenn du's nicht bist.
O sei du mein Berater,
weil man mich hier vergisst!«

Das Kindlein reibt die Hand,
sie ist von Frost erstarret;
es kriecht in sein Gewand
und in dem Gässchen harret,
den Blick hinausgewandt.

Da kommt mit einem Licht
durchs Gässlein hergewallet,
im weißen Kleide schlicht,
ein ander Kind; wie schallet
es lieblich, da es spricht:

»Ich bin der heil'ge Christ,
war auch ein Kind vordessen,
wie du ein Kindlein bist.
Ich will dich nicht vergessen,
wenn alles dich vergisst.

Ich bin mit meinem Wort
bei allen gleichermaßen;
ich biete meinen Hort
so gut hier in den Straßen,
wie in den Zimmern dort.

Ich will dir deinen Baum,
fremd' Kind, hier lassen schimmern
auf diesem offnen Raum
so schön, dass die in Zimmern
so schön sein sollen kaum.«

Da deutet mit der Hand
Christkindlein auf zum Himmel,
und droben leuchtend stand
ein Baum voll Sterngewimmel
vielästig ausgespannt.

So fern und doch so nah,
wie funkelten die Kerzen!
Wie ward dem Kindlein da,
dem fremden, still zu Herzen,
das seinen Christbaum sah!

Es ward ihm wie ein Traum;
da langten hergebogen
Englein herab vom Baum
zum Kindlein, das sie zogen
hinauf zum lichten Raum.

Das fremde Kindlein ist
zur Heimat nun gekehret,
bei seinem heil'gen Christ;
und was hier wird bescheret,
es dorten leicht vergisst.

DER WUNSCHZETTEL

Das Schenken – für die Kinder beginnt es mit dem Schreiben des Wunschzettels und der ist, je nach Gegend, gerichtet an das Christkind oder den Weihnachtsmann. Der Wunschzettel der Mutter meiner Schulfreundin Barbara blieb erhalten. Sie schrieb ihn, als sie sieben Jahre alt war:

> Liebes Christkindlein.
> Schuhe, Strümpfe, Winterhandschuhe, Taschentuch, Haarmaschen und eine Haube. Eine sehr große Puppe mit langen Haaren, (Schrei), ein schönes Wagl mit einer Deke, einen Ofen, ein Kamerbe (Kanapee), einen Esel zum daraufsetzen und einen Waschtisch für Gretel. Eine Haube, Kleid, Mantel, Hut, Mantelkleid, Strümpfe, Schuhe, Kamm und Servis. Puppenschlitten und Himmelwiege. Ich wünsch lange gesundheit.
> Es grüßt dich herzlich Ilse Parsche
> in Nieder-Ebersdorf bei Himmel
> 4.11.1917 Vergiß es nicht

ES ERHELLEN SICH ALLE FENSTER UND GLÄNZEN IN DIE SCHNEENACHT HINAUS

DIE BESCHERUNG

Blicken wir noch kurz mit Adalbert Stifters (1805–1868) Augen auf einen Heiligen Abend in einer Zeit, als diese Bescherung zu Weihnachten noch nicht sehr alt war.

✷

Das war der Zeitpunkt, in welchem man in den Tälern die Lichter anzuzünden pflegt. Zuerst wird eines angezündet und auf den Tisch gestellt, um die Stube zu erleuchten, oder es brennt auch nur ein Span, oder es brennt das Feuer auf der Leuchte und es erhellen sich alle Fenster von bewohnten Stuben und glänzen in die Schneenacht hinaus – aber heute erst – am heiligen Abend – da wurden viel mehr angezündet, um die Gaben zu beleuchten, welche für die Kinder auf den Tischen lagen, oder an den Bäumen hingen, es wurde wohl unzählige angezündet; denn beinahe in jedem Hause, in jeder Hütte, jedem Zimmer war eines oder mehrere Kinder, denen der heilige Christ etwas gebracht hatte und wozu man Lichter stellen musste.

Der Dichter hat auch eine Antwort auf die Frage, wann denn die Bescherung stattfand. Man muss sagen, dass dies regional unterschiedlich war, in der Vorarlberger Gegend, die er beschrieb, war es jedenfalls der Heilige Abend, wenn es dunkelte:

Man pflegt den Kindern die Geschenke zu geben, die das heilige Christkindlein gebracht hat, um ihnen Freude zu machen. Das tut man gewöhnlich am heiligen Abende, wenn die tiefe Dämmerung eingetreten ist. Man zündet Lichter und meistens sehr viele an, die oft mit den kleinen Kerzlein auf den schönen grünen Ästen eines Tannen- oder Fichtenbäumchens schweben, das mitten in der Stube steht.

Am ersten Feiertag hingegen durfte Bogumil Goltz (1801–1870), der in der Geschichte *Eine Weihnachtsreise ins altpreußische Land* seine Kindheitserinnerungen festhielt, seine Geschenke zu Weihnachten unterm Tannenbaum bei den Großeltern in Ostpreußen genießen:

Auf dem großen Eichentische mit gewundenen Füßen stand nicht nur Kuchen und Kaffee bereit, sondern in einer blaugemusterten hohen Porzellankanne duftete eine Schokolade, von der die Mama noch aus dem Vaterhause her eine große Liebhaberin war. Mein Sinn und Geschmack aber schwamm in lauter Weihnachten und blieb demnach auf die Tür des letzten Hinterstübchens gerichtet, wo die liebe Großmama unter dem Beistand der alten Ladenjungfer mit Beschickung des heiligen Christes beschäftigt war.

…. Kinderweihnachten zu beschreiben ist so unmöglich und so überflüssig, wie wenn einer seine Seele und sein Christentum oder sein Eingeweide wie einen Handschuh heraus wenden wollte.

Ich mag also nur sagen, was eben die altpreußische Weihnacht Absonderliches mit sich geführt hat, und das war hauptsächlich ein Tannenbaum mitten aus der Heide, in eine große Bütte mit nassem Sande gepflanzt, so dass der goldenen Apfel auf der Spitze beinahe die Zimmerdecke anstieß. Dann ein neuer Zinnteller, so gleißend wie eitel Silber, auf dem die Thorner Pfefferkuchen, die Marzipanstücke, die Nüsse, die Rosinen und Mandeln und die roten Stettiner Äpfel lagen, und endlich eine Schachtel mit gedrechselten »Heiligenbeiler Spielsachen« von Wacholder, welches ein Geäder wie Zedernholz hat und dessen starker und ganz eigentümlicher Geruch mich heute noch, wo ich auf ihn treffe, ganz tiefsinnig und schwermütig macht.

Während nun Eltern und Großeltern zu ihrem Herrn und Heiland in der Kirche beteten und Buße taten, habe ich traum- und glückselig mit meiner Christbescherung gespielt.

DIE HEIMLICHEN VORBEREITUNGEN MACHEN EBENSO-
VIEL FREUDE WIE DIE BESCHERUNG SELBST.

Die Geschenke werden – bis weit ins 19. Jahrhundert hinein unverpackt – unter dem Tannenbaum ausgebreitet. Manches wird dabei, in einigen Familien noch in den fünfziger Jahren des 20. Jahrhunderts, nur für die Zeit von Weihnachten bis zum Dreikönigstag den Kindern zum Spielen gegeben. Danach wird es wieder gut versteckt bis zum nächsten Weihnachtsfest. Besonders Kaufläden oder Puppenhäuser landen oft nach Weihnachten auf dem Dachboden und erscheinen jedes Jahr wieder mit neuer oder verbesserter Ausstattung. Das beklagen die Kinder in der Weihnachtsgeschichte *Nussknacker und Mausekönig* von E.T.A. Hoffmann (1776–1822). Fritz sinniert mit seiner kleinen Schwester Marie über den bevorstehenden Abend, beide warten zusammengekuschelt im langsam dunkler werdenden Zimmerchen darauf, dass endlich die Bescherung beginnt. Sie malen sich die von ihrem Paten kunstfertig hergestellten Spielsachen aus, und Fritz konstatiert: »Eigentlich haben wir wenig von seinen Spielsachen; es wird uns ja alles gleich wieder weggenommen.«

Eine andere Variante begegnet uns in Else Urys (1877–1943) *Nesthäkchen*: Dort »verschwindet« eine allzu rabiat frisierte Puppe einige Zeit vor Weihnachten, um dann von der glücklichen Puppenmutter unter dem Weihnachtsbaum mit neuen Haaren und Kleidern wiedergefunden zu werden. Eine hübsche Idee, die sich auch auf Erwachsene übertragen lässt, wenn man zum Beispiel ein älteres, besonders geliebtes Möbelstück, eine Uhr der Großmutter oder ein altes Bild wieder aufarbeiten lässt und dann noch einmal schenkt.

WER SPIELT DEN NIKOLAUS?

Oft muss der Vater den Nikolaus oder Weihnachtsmann spielen. Er tut dies zuweilen auch, wenn die Kinder ihn erkennen, etwa anhand der väterlichen Stiefel. Im Kindergartenalter, der »magischen Phase« in der Kindesentwicklung, ist beides für Kinder auch durchaus vereinbar: Wer sich verkleidet, verwandelt sich aus ihrer Sicht wirklich in das dargestellte Wesen. Und auch später durchschauen manche Kinder im Prinzip das Spiel, spielen aber mit und nicht ihr Wissen aus. Das berichtet auch der Tenor Leo Slezak (1873–1946) in seinen Memoiren von seinem achtjährigen Sohn, der, wie in den Jahren zuvor, seinen Wunschzettel an das Christkind schreibt. Von seiner Erzieherin erfährt der Vater jedoch, dass sein Sohn nicht mehr daran glaubt. Er stellt ihn zur Rede, und Walter muss nun zugeben, dass ihn ein Freund aufgeklärt hat, dass die Eltern alles kaufen. Als der Vater dann ganz empört fragt, wozu der Sohn einen Wunschzettel schreibt und sich verstellt, antwortet der Junge schluchzend: »Ich habe euch die Freude nicht verderben wollen.«

Heute kann man in großen Städten bei Studentendiensten wegen eines gewünschten Weihnachtsmannes anfragen, aber warum sollte es der junge Vater nicht auch selbst versuchen? Kostüme – als »Bischof oder rustikal, in Samt, Cord oder einfachem Material« – sind für jeden Geldbeutel passend zu finden. Gegen Kaution sind auch Kostüme auszuleihen. Wichtig ist nur, dass es allen Freude macht: Weder sollte der Vater sich als Buhmann missbraucht fühlen, noch sollten die Kinder erschreckt oder beschämt werden – dann spielen sie sicher gerne mit. Schließlich passt es auch zur Weihnachtsfreude, wenn Nikolaus und Beschenkte zwischendurch gemeinsam herzhaft lachen müssen! Es gibt allerdings noch eine Möglichkeit, unerkannt zu bleiben und gleichzeitig an frühere Bräuche anzuknüpfen. Ein Vorarlberger Freund erzählt aus seiner Kindheit, dass der Nikolaus an der Haustür polterte, sie geräuschvoll öffnete, ohne in Erscheinung zu treten, und den Sack mit Äpfeln und Nüssen schwungvoll in den Hausflur warf – so diskret, was seine Gestalt anbelangt, wie Sankt Nikolaus es mit den drei goldenen Kugeln tat, die er den armen Töchtern ins Fenster warf, damit der Vater sie nicht verkuppeln musste.

EINE BESCHERUNG GESTALTEN

Noch etwas zur weihnachtlichen Inszenierung der Geschenke unter dem Weihnachtsbaum. Sollten Sie über ein abtrennbares »Weihnachtszimmer« verfügen, ist natürlich alles viel leichter. Dann können Sie schon am Vorabend vor Heiligabend den Baum schmücken. Unter den Baum legen Sie die Geschenke für die Kinder – jedes sollte ein Eckchen für sich bekommen, die Geschenke für die Erwachsenen können ja im übrigen Raum verteilt werden. Um sich das Einpacken zu sparen und damit auch das Zimmer vor unnötigem Papiermüll sauber zu halten, decken Sie die Geschenke mit großen weißen Servietten oder Decken ab. Sie können sie hübsch mit grünen Zweigen dekorieren oder einen Weihnachtsteller mit Gebäck, Nüssen und Äpfeln und dem

Namen der zu beschenkenden Person darauf stellen – vielleicht mit Buchstaben von »Russisch Brot«, um die »Areale« voneinander abzugrenzen. Aber selbst wenn es sich um ein Wohn-Esszimmer handelt, in dem sich das Leben abspielt, lassen sich aus dem geheimnisvoll verschleierten Bereich nur Umrisse erahnen und machen die Entdeckung nur umso spannender.

Vielleicht halten Sie es nicht für möglich, aber selbst mit kleinen Kindern haben wir vor der Bescherung unser Karpfenmenü zelebriert – ohne Karpfen blau mit Sahnemeerrettich ist es für sie heute noch kein Weihnachten. Der festlich gedeckte Tisch von Kerzen beleuchtet, das von Großmutter geerbte Geschirr auf dem weißen Tuch, die Kristallgläser mit Wein oder Apfelsaft gefüllt, das versetzte uns alle in eine vom Alltag völlig abgehobene Stimmung. Erst danach, feierlich mit Glöckchen eingeläutet, entzündete einer der Erwachsenen die Kerzen am Baum, warf die ob ihres hohen Alters leicht ächzende Spieluhr an, so dass der Baum begann, sich zu Weihnachtsweisen zu drehen, beinahe unmerklich flackerte das Kerzenlicht ob der plötzlichen Bewegung, und die an den Zweigen hängenden Kugeln gerieten in leichte Schwingung. Zwischendurch ertönte der Gassenhauer »An dem Baume, da hängt ne Pflaume«, für die Eingeweihten ein Grund zum Schmunzeln, und diesen Augenblick der gegenseitigen Wünsche und Umarmungen haben wir als besonderes Familienglück empfunden, das wir uns schenkten. ❄

Die Natur zur Weihnachtszeit

In unseren Breiten, in denen der Schnee als Jahreszeit wirklich spürbar ist, halten viele Tiere Winterschlaf. Auch »die Natur«, unsere Pflanzenwelt, schläft. Besonders gut schläft sie, wenn sie mit einer dicken weißen Decke zugedeckt ist, denn der Schnee schützt die Pflanzen vor aggressiver Kälte. Die Menschen haben sich besonders in der harten, kalten Jahreszeit immer nach Anzeichen von neuem Leben, von Frühlingsboten gesehnt, und wo können sie dies deutlicher finden als in Blüten von Blumen und Bäumen. Im Freien gibt es nur wenige Pflanzen, die der Kälte trotzen und ihre Schönheit zeigen. Zu denen, die im Winter blühen, gehört die Christrose, auch bekannt unter dem Namen Schneerose. Sie zeigt ihre ausdrucksstarken weißen oder ins Rötliche gehenden Blüten, geschützt vom Schnee, zwischen Dezember und April im Garten. Dort, wo sie wild wächst, bevorzugt sie bergige Lagen und kalkhaltige Böden. Sie ist deshalb in den mittleren Regionen der Alpen zu finden. Inzwischen gibt es Züchtungen, die ihr einen längeren Aufenthalt im Zimmer ermöglichen. Die Pflanzen sollten im März oder April ins Freie gepflanzt werden, um sich im nächsten Winter wieder in ihrer Schönheit zu zeigen.

DIE NATUR SCHLÄFT UNTER
EINER DICKEN SCHNEEDECKE.

VORBOTEN DES FRÜHLINGS

Gelegentlich lässt sich die einheimische Flora überlisten. Der Legende nach hat ein abgerissener, verdorrender Kirschzweig kurz vor dem Tod der heiligen Barbara angefangen zu blühen, als sie ihn mit ihrem Trinkwasser versorgte. Deshalb schneiden die Menschen seit Jahrhunderten am Tag der heiligen Barbara, dem 4. Dezember, Zweige von Obstbäumen, die so genannten Barbarazweige, und stellen sie in die Vase. Im warmen Zimmer vergessen diese den ihnen verordneten Winterschlaf und zeigen rechtzeitig zu Weihnachten ihr schönstes Blütenkleid. Als geeignet erweisen sich Weichsel, Pflaume, Schlehe, Apfel und Birne, man kann es auch mit Flieder oder Linde, Jasmin, Forsythie, Weide und Rosskastanie versuchen. Obstbaumzweige oder sogar ganze Bäume wurden lange Zeit in manchen Gegenden, wie beispielsweise Franken, zu Christbäumen geschmückt.

Früher waren, dem überlieferten (Aber-)Glauben gemäß, gewisse Vorschriften zu befolgen, mit deren Einhaltung das Schicksal beeinflusst werden konnte: Der Schnitt der Barbarazweige musste schweigend und vor Sonnenaufgang erfolgen. Wenn heiratsfähige Mädchen die Zweige schnitten und diese anfingen zu blühen, bestand Aussicht auf eine Heirat im kommenden Jahr. Gab es verschiedene Bewerber, so konnte das Mädchen jeweils einen Zweig mit einem Namen versehen und sich ausrechnen, wer wohl die größten Chancen hatte – dessen Zweig fing als erster an zu blühen. In anderen Häusern pflegte man Vorhersagen über persönliches Wohlergehen, aber auch Schicksalsschläge der Familie an die Blüte oder das Verkümmern der Pflanze zu knüpfen.

TANNENGRÜN UND TANNENBAUM

Was haben die Menschen sonst noch getan, um sich die Mächte des Schicksals gefügig zu machen? Schon im Mittelalter pflegten sie Haus und Hof mit grünen Zweigen wie Buchsbaum, Eibe, Stechpalme, Wacholder, Mistel, Tanne und Fichte zu verschönern. Tannenzweige und –bäume wurden als winterlicher oder weihnachtlicher Schmuck verwendet, wo es reichlich davon gab. Sowohl von Seiten der Kirche als auch später der Forstämter finden sich in den historischen Unterlagen immer wieder Verbote. Die Kirche hielt den Brauch, sich einen Christbaum zu schmücken, zunächst für heidnisch und nahm daher immer wieder den Kampf dagegen auf. Die Forstämter sahen dies pragmatischer, sie beklagten die Verluste, die durch das wilde Abschlagen von Tannen- oder anderem Grün entstanden.

VOM PARADIESAPFEL KOMMT DER BRAUCH, WEIHNACHTEN MIT ÄPFELN ZU DEKORIEREN.

Auch im Oberrheingebiet war das Schmücken des Hauses mit Tannengrün ein alter Volksbrauch. Das Vorkommen der Weißtanne im Schwarzwald und am Rand der Vogesen begünstigte den Brauch. Der erste geschmückte Baum zur Weihnachtszeit, von dem wir wissen, stand 1419 in der Zunftstube der Bäckergesellen in Freiburg im Breisgau. Es handelte sich um einen mit Obst, Oblaten, Nüssen und Lebkuchen geschmückten so genannten Fressbaum, auch Essbaum oder Zuckerbaum genannt. Doch es geht noch weiter: In Straßburg ist der Verkauf von Tannenbäumen zur Weihnachtszeit schon 1539 bezeugt. Noch sind diese Bäume für die Aufstellung in Bruderschaften, Zünften und Kirchen, aber nicht für Familien bestimmt.

Es gibt aber auch ein kirchliches Brauchtum, das die Entstehung der Tradition des Christbaumes begünstigt. Es sind dies die Weihnachtsspiele, die seit dem Mittelalter in und um Kirchen aufgeführt werden. Darinnen wird der Sündenfall nacherzählt, durch den die Menschen das Paradies verspielen. Nur dadurch ist ja die Erlösung der Menschheit mit der Geburt des Gottessohnes und seinem Tod am Kreuz überhaupt notwendig geworden. So beißt Eva im Paradiesspiel in einen Apfel vom Paradiesbaum, der als Requisit für die Aufführung aus heimischen Wäldern geholt wurde. Es entstand allmählich eine Wechselwirkung zwischen Christbaum und Paradiesbaum, die noch Mitte des 18. Jahrhunderts offensichtlich ist. »Die Erdäpfel genießen allhier die Menschen mit großem Appetit und richten selbige auf vielerlei Arten zu. … Als ein lächerlicher Nutzen der Erdäpfel wird beigefügt, dass in hiesigen Gegenden manche Leute um die Weihnachtszeit grüne Fichtn in die Stube bringen und selbige mit vergoldeten Erdäpfeln putzen lassen, um den Kindern eine Gestalt von Paradiesäpfeln vorzuspiegeln«, heißt es in den Verfügungen Friedrichs des Großen zur Förderung des Kartoffelanbaus aus dem Jahre 1755. Den festlich geschmückten Gabenbaum bevorzugten zunächst vor allem protestantische, adelige Kreise und das städtische Bürgertum. So ist es im protestantischen Sachsen-Weimar-Thüringen schon Mitte des 18. Jahrhunderts allgemein üblich, Christbäume zu schmücken. Die Städte Hamburg, Berlin, Ulm und Nürnberg kannten die Weihnachtsbaumsitte bereits in der zweiten Hälfte des 18. Jahrhunderts. Erst im Laufe des 19. Jahrhunderts verlagerte sich die weihnachtliche Zeremonie in die Wohnstuben. Dann entstand häusliches Brauchtum. Der Tannenbaum gewann an Bedeutung und wurde zum Symbol für Weihnachten. Das beschreibt das Gedicht *Es treibt der Wind im Winterwalde* von Rainer Maria Rilke (1875–1926).

ES TREIBT DER WIND IM WINTERWALDE

✳

Es treibt der Wind im Winterwalde
die Flockenherde wie ein Hirt
und manche Tanne ahnt, wie balde
sie fromm und lichterheilig wird,
und lauscht hinaus;
den weißen Wegen streckt sie die Zweige hin,
bereit und wehrt dem Wind
und wächst entgegen
der einen Nacht der Herrlichkeit.

IN DER ZEITSCHRIFT GARTENLAUBE VON 1870 KONNTEN DIE LESER EINEN HÄNGENDEN CHRISTBAUM BEWUNDERN.

Unter Tannenbaum versteht man schon immer Weißtanne, Fichte und Kiefer, wenn es um den Christbaum geht.

Auf dem Land, gleich ob in Österreich oder Thüringen, hängte man geschmückte Baumwipfel an die Decke über den Tisch, alles eine Frage des Platzes. Die Stuben waren klein, und der einzige Tisch musste für Mahlzeiten frei bleiben.

Und man nahm einen Baum, der in der Gegend wuchs. Es war ja auch nicht möglich, so wie heute, die Bäume über Tausende von Kilometern zu transportieren.

Der Tübinger Dichter Ludwig Uhland (1787–1862) berichtet aus seinem Elternhaus von einem Nussbaum, der gepflanzt wurde, um zu Weihnachten geschmückt zu werden. Dies nahm sein schwäbischer Landsmann, der Pfarrer und Lyriker Eduard Mörike (1804–1875), zum Anlass für ein Gedicht, das er seiner zwölf Jahre jüngeren Schwester Klara widmete.

45 | DIE NATUR ZUR WEIHNACHTSZEIT

WEIHNACHTSWUNSCH FÜR KLÄRCHEN

Am 23. Dezember war ein schön herangewachsener Nussbaum für meine Schwester Klärchen in den Garten gepflanzt worden, welcher am Weihnachtsabend festlich beleuchtet und geschmückt wurde. Der Nussbaum spricht:

IM KAISERLICHEN PALAST IN BERLIN HATTE JEDES FAMILIENMITGLIED EINEN EIGENEN GABENBAUM.

Heut' sieht man Büblein, Mägdlein warten
Auf einen schönen Christkindgarten.
Da stellt man in die Mitt' hinein
Ein Tannenreis in Lichterschein,
Da hängt viel Naschwerk, Marzipan,
Auch sogar güldne Nüss' daran.
Doch sind die Nüsse dürr und alt,
Die grünen Zweige welken bald,
Das Bäumlein kann halt nicht verhehlen,
Dass Leben ihm und Wurzel fehlen.
Ein kluges Kind hat das bald weg,
Und ist nur gessen erst der Schleck,
Dann ist ein solcher Baum veracht't,
Sein Glanz und Lust war über Nacht.
Schaut her, da bin ich, meiner Sex,
Doch ein ganz anderes Gewächs!
Mich lud der Freund in seinen Garten,

Dem blonden Kinde aufzuwarten;
Ich ginge gern hinein zum Liebchen
Und grüßte sie im warmen Stübchen,
Allein das schickt sich doch nicht ganz,
Ich bin ein gar zu langer Hans;
Drum bat ich sie zu mir heraus.
Zwar steh' ich kahl und ohne Strauß,
Doch wart'! Es kommt die Sommerszeit,
Da ist's, wo unsereins sich freut!
Da wickl' ich los mein würzig Blatt,
Es sieht kein Menschenaug' sich satt;
Die Vögel singen in meinen Zweigen,
Und alles, Schätzchen, ist dein eigen!
Und hast du mir es heut' verziehn,
Dass ich nun bloß von Früchten bin,
So bring ich dir gewiss und wahr
Ein Schürzlein Nüsse Jahr für Jahr.

In manchen katholischen Gebieten bestanden allerdings anfangs Vorbehalte gegenüber dem Christbaum. Mit der Zeit wurden diese abgebaut: zuerst in Fürstenhöfen, in denen der Einfluss eingeheirateter evangelischer Prinzessinnen die Bedenken zerstreute, dann in wohlhabenden bürgerlichen Familien. Hier schmückte man von etwa 1790 bis 1850 für jedes Familienmitglied einen eigenen Gabenbaum. Der Bau der Eisenbahn in der zweiten Hälfte des 19. Jahrhunderts in Deutschland erleichterte die weitere Verbreitung der Sitte. Mit dem neuen Verkehrsmittel konnten Bäume aus den Wäldern in die Städte transportiert und überall zum Kauf angeboten werden. Heute sorgen Baumschulen dafür, dass der Kunde in jedem kleinen Örtchen eine große Auswahl an Christbäumen vorfindet, angefangen mit der beliebten Nordmanntanne bis hin zur aparten Kiefer.

MISTELN UND STECHPALME

Soviel zum Christbaum – die Natur bietet uns jedoch noch mehr Möglichkeiten, dem Jahresende eine positive Seite abzugewinnen. Eine Glück verheißende Pflanze, deren weihnachtliche Tradition sich vor allem aus angelsächsischen Ländern kommend auch bei uns verbreitet hat, ist die Mistel. Sie ist ein kugelförmig sich ausbreitendes Immergrün, das auf vielen Bäumen, wie etwa auf Pappeln, Weiden, Birken, Linden, Ahornbäumen, auf Weißdorn oder Hasel, auch auf Apfelbäumen schmarotzend wächst. Es gibt sie jedoch auch auf Nadelbäumen wie Tannen und Fichten. Und da ihre Beeren, die weiß bis leicht gelblich schimmern, eben im Dezember reifen, entspricht diese Pflanze unserem Wunsch nach Erneuerung in scheinbar unfruchtbarer Zeit. Das mag einer der Gründe sein, weshalb sich so viele Mythen um die Mistel gebildet haben. Eines ihrer wichtigsten Merkmale ist, dass sie Unheil abhalten soll, daher hat man sie an Haustüren aufgehängt, aber auch an Scheunen, um das Vieh, von dessen Arbeitskraft und Gesundheit das Wohl der bäuerlichen Familien abhängt, zu beschützen. Heute ist vor allem das Küssen eines Paares unter einer Mistel bekannt: ein Kuss, eine Beere, bis die Pflanze »abgeerntet« ist und im nächsten Jahr zur selben Zeit wieder eine neue, viel versprechende Partnersuche beginnen kann. Es kann

DER KUSS UNTER DEM MISTELZWEIG BRINGT GLÜCK.

DIE NATUR ZUR WEIHNACHTSZEIT

jedoch auch ein Heiratsversprechen bedeuten, das, unter der Mistel per Kuss besiegelt, die Prophezeiung eines glücklichen, langen Zusammenlebens enthalten soll. Der Kuss unter der Mistel kann aber auch der Versöhnung dienen, denn es werden dieser Pflanze friedensstiftende Eigenschaften nachgesagt.
Ebenso wie die Mistel ist die Stechpalme, auch Ilex genannt, ein Weltbürger. In Mitteleuropa gibt es von ihm nur eine Art, die mit ihren prägnant geschnittenen ledrigen Blättern und den leuchtend roten Beeren unsere weihnachtliche Dekorationslust erfreut, wiederum ausgehend von Traditionen der Menschen in angelsächsischen Ländern. Da sowohl Beeren als auch Blätter der europäischen Art sehr giftig sind, müssen wir sie mit Vorsicht dekorieren, damit die hübschen Zweige nicht in die Reichweite kleiner Kinder gelangen.

HYAZINTHEN UND RITTERSTERNE

Wie schon erwähnt, groß ist der Wunsch nach blühenden Pflanzen in der Wohnung. Alt ist daher die Tradition, Hyazinthen zum Weihnachtsfest zum Blühen zu bringen. Dazu gab es schon im 19. Jahrhundert speziell geformte Gläser, in deren Basis Wasser gefüllt wird, dann wird eine Hyazinthenzwiebel darüber, quasi in die nächste Etage gelegt, deren Keimling mit einem Papierzylinder vor dem Licht geschützt wird. Etwa zwei Wochen stellt man sie in den kühlen Keller, bis der Keimling rechtzeitig vor Weihnachten das Hütchen leicht anhebt. Dann lüftet man den Hut, nimmt die Hyazinthe im Glas mit in die Wohnung, wo sie am Licht ihre Blüte und ihren betörenden Duft verbreitet.
Auch die Amaryllis, die eigentlich treffender Ritterstern heißen müsste, und die immerhin seit dem 18. Jahrhundert in Europa bekannt ist, lässt sich zu Weihnachten zum Blühen bringen. Die Zwiebel wird Ende Oktober/Anfang November in einen Topf mit Blumenerde gepflanzt, kurz angegossen und zunächst relativ dunkel und nicht zu warm gestellt. Wenn sie anfängt zu treiben, darf sie ans Licht, wird gelegentlich mit Wasser versorgt, und im Dezember kann man sich ihrer vollen Blütenpracht in den Farben Weiß, Rosa oder einem satten, leuchtenden Rotton erfreuen.
Weihnachtskakteen und –sterne sind Einwanderer aus Südamerika und zu modern, als dass wir sie als früheren Blumenschmuck der Weihnachtszeit zum Vorbild nehmen können. Interessanterweise war der Weihnachtsbaum bei Familie Buddenbrook von Thomas Mann mit weißen Lilien geschmückt. ✼

Schmücken

»Morgen wollen wir vergolden und Netze schneiden«, spricht der Vater verheißungsvoll. Der Vater, das ist Theodor Storm (1817–1888), und seine Tochter Gertrud Storm (1865–1936) erinnert sich, wie die Familie im elterlichen Haus jedes Jahr Schmuck für den Christbaum anfertigte, Wenn wir in ein bestimmtes Alter gekommen waren, durften wir vergolden helfen und Netze schneiden. Die langen schmalen Streifen Rauschgold *(auch Flittergold, Knittergold oder Schaumgold genannt; es sind papierdünne, etwa 1/90–1/65 mm dicke Folien aus Messingblech)* wurden freilich nur von unserm Vater geschnitten, mit seiner großen alten Papierschere, die ich so deutlich vor mir sehe. – Morgen ist heute geworden, und Vater nimmt uns mit in seine Studierstube. … Auf dem Tisch ausgebreitet liegen Nüsse, Tannenzapfen, Eier und Schaumgold. Wir setzen uns alle um den Tisch und beginnen nach Vaters Anordnung, Watte in Eiweiß zu tauchen, mit der wir vorsichtig die Nüsse und Tannenzapfen betupfen. Dann wird ein Stück Schaumgold auf die befeuchtete Stelle gelegt und vorsichtig mit Watte angetupft. Nun werden zwölf Netze vom feinsten weißen Konzeptpapier geschnitten. Uns Kindern klopft das Herz dabei: »wenn wir nun die Spitzen abschneiden!« In die Netze kommen große, viereckige Bonbons, die wir alter Tradition gemäß in farbige Papiere wickeln, die durchaus die Farben: grün, gold und hausrot haben müssen.
Auf diese Netze in denen schon feine Kinderträume hingen, legte unser Vater besonderen Wert. Wer von uns zum erstenmal in seinem kleinen Leben ein solches wunderbares Netz tadellos ausgeführt hatte, kam sich vor, als sei er nun erst ein fertiger kleiner Mensch geworden.

ALTER WEIHNACHTSSCHMUCK BEZAUBERT DURCH SEINE NATÜRLICHKEIT.

Die weißen Netze sind geschnitten und tadellos zu unseres Vaters innigster Befriedigung ausgefallen. Goldene Nüsse, Eier und Tannenzapfen heben sich leuchtend von der dunklen Tischplatte ab.

Denn eines ist klar, der Weihnachtsbaum steht inzwischen im Mittelpunkt der Familienfeier, und er muss glänzen! Schon Johann Wolfgang von Goethe (1749–1832) dichtet:

Bäume leuchtend, Bäume blendend,
überall das Süße spendend,
in dem Glanze sich bewegend,
Alt und junges Herz erregend. …

Wenn Sie sich vornehmen, »Weihnachten wie früher« zu feiern und den Christbaum wie früher zu dekorieren, haben Sie viele Möglichkeiten.
Beginnen wir mit den ältesten Überlieferungen:
Es ist ein alter Volksbrauch, in der Winterzeit Haus und Hof mit grünen Zweigen wie Buchsbaum, Eibe, Stechpalme, Wacholder, Mistel, Tanne und Fichte zu verschönern. In vielen Kulturen ist der Baum Zeichen des Lebens und der Fruchtbarkeit. Besonders das Immergrün der Bäume wird als Symbol für die Fortdauer des Lebens angesehen, ein Aspekt, der im dunklen Winter, wenn nichts wächst und das Jahr zur Neige geht, eine besondere Rolle spielt.
Das Christentum übernimmt die alte Symbolik und verknüpft sie mit dem Baum des Lebens aus der Paradiesgeschichte. Da der Schwarzwald und der Rand der Vogesen viel Nadelholz, besonders die Weißtanne wachsen lässt, werden Tannenzweige und –bäume als Weihnachtsschmuck reichlich verwendet. Darüber wird vom 15. Jahrhundert an im Gebiet links und rechts des

ICH HABE NICHTS VON GRÖSSERN WERTH
ALS WAS MIR HAT DER HEILGE CHRIST BESCHERT.
DRUM LEUCHTE BAUM UND GÄRTCHEN DANN
HEUT ZÜND' ICH EUCH MIT FREUDEN AN.

Oberrheins, im badischen Breisgau und im Elsass, berichtet. Der erste geschmückte Baum, von dem wir wissen, steht 1419 in der Zunftstube der Bäckergesellen in Freiburg im Breisgau. Es ist ein »Fressbaum« (Essbaum, Zuckerbaum), geschmückt mit Obst, Oblaten, Nüssen und Lebkuchen.
Es waren öffentliche Bäume, von denen als erstes berichtet wurde. Sie schmückten einen Marktplatz oder zierten eine Zunftstube oder einen Rathaussaal. Rechnungsbelege sprechen von Ausgaben für Äpfel, Oblaten, buntes Papier und Faden zum Aufhängen. Immer wieder ist von Äpfeln und Backwerk die Rede, von »Zischgolt« und Zucker. Selbst wenn Sie zeitlich in Ihrer Dekorationsfreude nicht so weit zurückgehen wollen, auch während des 19. Jahrhunderts ist immer wieder von vergoldeten Äpfeln und Nüssen die Rede und von herrlichem Zuckerzeug. Im Gedicht *Der Traum* von August Heinrich Hoffmann von Fallersleben (1798–1874) erscheint dem Ich-Erzähler, einem kleinen Jungen, im Traum ein hoher Weihnachtsbaum, dessen Zweige »von goldnen Äpfeln schwer« waren und von »Zuckerpuppen«. Und der Baum, der bei Erwachen verschwindet, verspricht noch, dass der »Heil'ge Christ den schönsten Weihnachtsbaum bringt«, wenn der Junge nur artig ist. Ja, so ganz umsonst gab es das Wunder nicht, Gehorsam war die Gegenleistung der Kinder.

GEBACKENER CHRISTBAUMSCHMUCK

Wenn Sie etwas Wagemut und Geduld mitbringen, so kann Ihnen ein dauerhaftes Gebäck gelingen, das über Jahre hinweg als Christbaumschmuck Freude macht. Die dazu notwendigen Holzmodel in einfacher Ausführung gibt es auf Weihnachtmärkten und in Haushaltswarenläden. Dekorative Model nach historischen Formen können über das Internet, zum Beispiel beim Landesmuseum Württemberg, bestellt werden.

Wir vertrauen uns hier ganz dem Konditormeister Walter Poganietz an, dem Betreiber des Conditoreimuseums in Kitzingen, der nicht nur historische Backformen, sondern auch Rezepte verwahrt, wie hier eines aus dem 17. Jahrhundert. Im Museum werden alter Baumbehang zum Naschen, Märchenfiguren, Nürnberger Christbaumzucker, Tragantornamente und alte Model ausgestellt. Die süßen Leckereien durften früher erst gegen Ende der Weihnachtszeit geplündert werden. Dass dies nicht vorzeitig geschah, darüber wachte mancherorts ein aus Watte gefertigter Schneemann, der am Baum hing.

Springerle

MIT »SCHWABACHER BLATTGOLD«

∗ ∗ ∗

Eiermarzipan oder Eierzucker, auch Weißes Marzipan genannt, ist ein einfaches Gebäck aus Zucker, Mehl, Eiern, Anis und Hirschhornsalz. Ohne Eier verarbeitet wird daraus Wassermarzipan, und das ist – vorausgesetzt die Figuren sind zum Aufhängen durchbrochen oder es gelingt, sie nach dem Backen zu perforieren – ausgezeichnet als Christbaumschmuck verwendbar. Der Teig darf vor allem nicht kleben, also nicht zu weich sein.

Die Teige eignen sich hervorragend für feinste Strukturen. Deshalb wurden seit dem 17. Jahrhundert besonders in Franken und Schwaben hauptsächlich aus diesem Teig die Bildgebäcke der Holzmodel hergestellt. Der fertige Teig wird einen halben Zentimeter dick ausgewellt, in Stückchen geschnitten und vorsichtig in die dünn mit Mehl bestäubten Holzmodel gedrückt, am besten mit einem kleinen Säckchen aus Wolle, gefüllt mit Mehl und Zucker, dem so genannten »Schlotzer« (schwäb.). Durch einen Schlag mit der flachen Hand auf die Hinterseite des Holzmodels springen die Teigfiguren heraus. Daher soll sich der Name »Springerle« ableiten, der ... schon in Rezeptbüchern des 18. Jahrhunderts verwendet wird. Die Figuren bleiben dann noch eine Nacht lang zum Trocknen an einem geeigneten Ort, bevor sie bei mäßiger Hitze gebacken werden. Wenn man alles richtig gemacht hat, bekommen die Gebäckstücke »Füßchen«, das heißt, im unteren Bereich geht der Teig etwas auf, während die Oberfläche mit dem Bildrelief unverändert bleibt.

Diese Figuren wurden meistens noch bemalt oder die Konturen gar vergoldet. Man verwendete hauptsächlich aus Pflanzen gewonnene Farbstoffe, für deren Herstellung die alten Konditoren viel Zeit aufwendeten. (Heute kann man verdünnte Lebensmittelfarben verwenden.) Das Vergolden von Bildgebäcken hatte ebenfalls eine lange Tradition ... Die Konturen ... bestrich man mit Honigwasser. Dann wurde das vorher in Streifen geschnittene »Schwabacher Blattgold« aufgelegt, leicht eingedrückt und nach dem Trocknen Überstehendes vorsichtig entfernt.

Da für einen solchen Teig die Mengenverhältnisse wichtig sind, ergänze ich hier noch ein Rezept aus einem Kochbuch der berühmten Henriette Davidis von 1898:

Springerle

* * *

1 Pfund feines Mehl, 1 Pfund Zucker, beides durchgesiebt, 4 große Eier, 1 walnuß-großes Stück Butter, 2 große Messerspitzen gereinigte Pottasche, Anissamen.

Zucker, Butter, Eier und die in etwas Milch aufgelöste Pottasche werden 4 Stunden gut gerührt und mit dem Mehl, wovon etwas zurückbleibt, zum Teig gemacht. Dieser wird auf ein mit Mehl bestäubtes Brett gelegt, eine Weile verarbeitet, mit dem Wellholz einen halben Finger dick ausgerollt, mit etwas Mehl bestäubt und mit eigens dazu bestimmten Formen ausgedrückt. Nachdem man den ausgedrückten Teig auf den Backtisch gestürzt hat, so daß die Figuren oben liegen, werden diese mit dem Messer voneinander getrennt und auf ein mit Anis bestreutes Backbrett gelegt, wo sie an einem trocknen Orte über Nacht liegen bleiben. Andern Tages werden Bleche mit Wachs oder Öl bestrichen, die Springerle darauf gelegt und in einem mäßig warmen Ofen weißgelb gebacken.

Zum Färben empfehlen die Kochbücher der Zeit Safran, Cochenille und Spinatsaft. Für dauerhaften Schmuck, der nicht an einen »Naschbaum« gehört, empfiehlt sich einfacher Salzteig, der mit Abtönfarbe bemalt werden kann:

Springerle

AUS SALZTEIG ZUM BEMALEN

* * *

Zwei Teile Mehl, zwei Teile Salz und ein Teil Wasser verkneten (eventuell einen Löffel Tapetenkleister ins Wasser einrühren, das macht den Teig geschmeidiger), den Teig 6 bis 8 Millimeter dick ausrollen und leicht bemehlen.
Mit den Formen die Bilder hineindrücken, dann mit dem Messer außen herum zuschneiden. An der Luft zwei bis drei Tage oder im Ofen bei 75 Grad einige Stunden trocknen lassen. Dann bemalen.

FARBIGE HONIGKUCHEN FÜR DEN WEIHNACHTSBAUM
GAB ES FRÜHER SOGAR FERTIG ZU KAUFEN.

GLASSCHMUCK

✻

Der große Tannenbaum in der Mitte trug viele goldene und silberne Äpfel, und wie Knospen und Blüten keimten Zuckermandeln und bunte Bonbons und was es sonst noch für schönes Naschwerk gibt, aus allen Ästen. Als das Schönste an dem Wunderbaum musste aber wohl gerühmt werden, dass in seinen dunkeln Zweigen hundert kleine Lichte wie Sternlein funkelten und er selbst, in sich hinein- und herausleuchtend, die Kinder freundlich einlud, seine Blüten und Früchte zu pflücken.

Diesen Baum beschrieb der deutsche Romantiker E.T.A. Hoffmann (1776–1822). Die Musterbücher Thüringer Glaschristbaumschmuckhersteller, wie sie heute im Deutschen Spielzeugmuseum Sonneberg archiviert sind, stammen aus den 1830er und 1840er Jahren, dem Zeitpunkt, als der Christbaumschmuck aus Glas seinen Aufschwung nahm. Neben Kugeln zeigen die farbigen lithographierten Blätter auch Äpfel, Birnen und anderes Obst aus Glas. Ebenso wurden im Laufe der Zeit Tannenzapfen oder Walnüsse aus Glas hergestellt. Die Menschen wollten alles, was zunächst als natürlicher Schmuck an den Baum gehängt wurde, auch aus Glas geblasen und in glänzenden Farben bemalt oder versilbert als Christbaumschmuck angeboten bekommen. Es hatte den Vorteil, dass sich auch dünnere Zweige schmücken ließen, weil das Gewicht auch eines kleinen Weihnachtsapfels natürlich größer ist als der eines geblasenen Ornamentes.

◦৹ DIE ZARTEN GLASVÖGEL MIT IHREN SCHWÄNZEN AUS GLASSEIDE ERSCHEINEN UNS HEUTE ALS INBEGRIFF DER NOSTALGIE.

◦৹ TANNENZAPFEN AUS VERSILBERTEM GLAS GEHÖREN ZU DEN ALTEN MOTIVEN FÜR CHRISTBAUMSCHMUCK.

DIE MUSTERBÜCHER DER HERSTELLER ZEIGEN GLASVÖGEL VON VOR 1840.

BERLINER WEIHNACHTSMARKT 1911.

57 | SCHMÜCKEN

STROHSTERNE

Dennoch hat ein Baum mit echten kleinen Weihnachtsäpfeln an roten Schleifen, Strohsternen und Honigkerzen geschmückt, durchaus seinen Reiz. Wenn Sie Lust haben, probieren Sie es aus. Es gibt verschiedene Bastelsets, von kinderleicht bis schwierig, mit allem, was Sie brauchen, oder Sie verlassen sich auf eine der zahlreichen Bastelanleitungen.

BASTELANLEITUNG FÜR

Strohsterne

* * *

Strohsterne geben einem bäuerlich geschmückten Baum nicht nur einen sanften Goldton, sie erinnern auch an das Stroh im Stall von Betlehem und den Stern, der die Könige aus dem Morgenland führte. Für einfache Strohsterne benötigen Sie:

Strohhalme (Bastelgeschäft), Nähseide (vielleicht auch Stopfgarn, in Weiß, Grün oder Rot) oder Goldfaden, warmes Wasser, ein Bügeleisen, eine Schere

Halme etwa 15 Minuten lang in warmem Wasser einweichen. Nach dem Einweichen vorsichtig bei schwacher Hitze zwischen zwei Lagen Papier plattbügeln und in gleichmäßige Stücke schneiden. Nun die Halme zu einem Stern binden: Legen Sie die einzelnen Halme zu einem Strohstern zusammen. Sie sollten sich in der Mitte überkreuzen. Nun binden Sie mit dem Faden die Halme kreisförmig von außen nach innen zusammen, indem Sie den Faden abwechselnd oberhalb und unterhalb der Halme durchziehen. Nach zwei Runden sitzt jeder Halm an seinem Platz. In der Mitte des Sterns entsteht ein hübsches Muster.
Haben Sie die Form des Strohsterns, kommen die Feinheiten: Schneiden Sie mit einer Schere die Enden der Sterne spitz oder schräg an oder binden Sie einzelne Enden noch einmal mit einem Faden zusammen. Der Phantasie sind dabei keine Grenzen gesetzt, und jeder Stern wird zu einem Einzelstück.

STROHSTERNE ERINNERN AN DAS STROH IM STALL VON BETLEHEM

⚜ GOLD IST EINE WEIHNACHTLICHE FARBE.

CHRISTBAUMSCHMUCK WIE »ANNO DAZUMAL«

Wenn Sie kein Interesse am Basteln haben, können Sie Ihren Baum auch mit gekauftem Christbaumschmuck »wie früher« schmücken. Sehr elegant ist der silber-weiße Baum, wie er um 1900 in Mode kam. Diese Vorliebe hat sich lange gehalten und sich bis heute immer wieder gegen alle modischen Trends behauptet.

Sie benötigen dafür ausschließlich silberne, weiße oder silberweiße Ornamente. Sehr hübsch sind solche, die aussehen, als wären sie dick verschneit. Da gibt es alle Arten von Kugeln, aber auch Formkugeln, also in Formen geblasene wie Tannenzapfen, Nüsse, Vögel, Weihnachtsmänner, Christkindchen, Märchenfiguren, Eiskristalle und vieles andere mehr.

Dazu passen weiße Christbaumkerzen in silberfarbenen Haltern, traditionell wäre auch Watte auf den Zweigen – die Bäume mussten immer aussehen, als wären sie dick verschneit oder sogar dick mit Silberlametta behängt.

Traditionell und heimelig wirkt auch Baumschmuck in den typischen Weihnachtsfarben Rot, Grün und Weiß. Beispielsweise rote Glasornamente, vielleicht auch hellgrüne – das gedeckte Tannengrün ist nicht notwendig, weil ja der Baum schon grün ist, aber es ist erlaubt. Dazu weiße oder rote Kerzen, vielleicht ein paar weiße Christrosen um den Baum herum drapieren – es gibt ja heute eine Züchtung, die erst einmal bis mindestens März im Raum bleiben kann. Spielen Sie mit den Farben, aber beschränken Sie sich auf Rot, Grün und Weiß, und Sie haben einen Farbenklassiker in Ihrem Weihnachtszimmer.

Auch Gold ist eine typische und alte weihnachtliche Farbe, denken Sie an die goldenen Eier am Storm'schen Weihnachtsbaum oder die vergoldeten Äpfel, das Blattgold an den Rändern der Springerle oder die vergoldeten Nüsse und Tannenzapfen. Der warme Glanz dieser Farbe wirkt beim Licht der Honigkerzen besonders einladend, festlich und stimmungsvoll. Wir wollen am Ende des Kapitels noch einmal Theodor Storm zu Wort kommen lassen, mit dem wir auch begonnen haben. In einem Brief an seine Eltern berichtet er davon, wie er schon seit Tagen in aller Beschaulichkeit seine Weihnachtsvorbereitungen trifft:

… Ja, wie ich den Nagel meines Daumens besehe, so ist auch der schon halbwegs vergoldet. Denn ich arbeite jetzt abends nur in Schaumgold, Knittergold und bunten Bonbonpapieren; und während ich Netze schneide und Tannen- und Fichtenäpfel vergolde und die Frauen, d.h. meine Frau und Röschen, Lisbeth's Puppe ausputzen, liest Onkel Otto uns die »Klausenburg« von Tieck vor …

59 } SCHMÜCKEN

Bräuche

Warum mögen wir manche Bräuche so, warum lassen uns andere kalt? Zur Weihnachtszeit gibt es Familienbräuche, vielleicht einen ganz bestimmten Spaziergang oder ein Essen, Bräuche der eigenen Stadt oder Gegend, aber auch solche, die man mit vielen Menschen auf der ganzen Welt teilt, wie das Aufstellen des Christbaums. Bräuche geben uns ein Gefühl von Heimat, sie scheinen unveränderlich und dauerhaft in einer wandelbaren, schnelllebigen Zeit. Gleichzeitig sind Bräuche aber auch sehr flexibel: Man kann sich besonders schöne von anderen abschauen oder altbekannte den eigenen Bedürfnissen anpassen.

MARTINSBRÄUCHE

Die Zeit der Weihnachtsbräuche eröffnet der 11. November. Der Namenstag des heiligen Martin von Tours (316/17–397) ist den meisten deshalb geläufig, weil an diesem Tag traditionell die Martinsgans verspeist wird, ein Festessen, das wir auch heute noch gerne genießen, wobei wir uns meist um den Ursprung der Spezialität keine Gedanken machen. Wie es häufig der Fall ist, liegt der Martinsgans eine hübsche Legende zugrunde: Der heilige Martin habe sich, heißt es, als er von den Einwohnern von Tours zu ihrem Bischof gewählt werden sollte, aus Bescheidenheit in einem Gänsestall versteckt. Diese schreckhaften Tiere hätten ihn aber durch lautes Geschnatter verraten, und er wurde Bischof.

DIE MARTINSGANS VERRIET DER LEGENDE NACH DEN HEILIGEN MARTIN, ALS ER SICH IN IHREM STALL VERSTECKTE.

Dass die Martinsgans lange Zeit nur einer privilegierten Schicht zustand, ist heute fast vergessen: »Die weitaus meisten Tiere mussten nämlich als Zinsgaben an weltliche Grundherren und Klöster abgeliefert werden, während die ärmeren Teile der Bevölkerung kaum je in den Genuss eines Gänsebratens an Martini kamen.« Nur diejenigen, die weich gebettet waren und sich mit Gänsedaunen zudeckten, wie Adlige, Kleriker, reiche Bauern und Bürger konnten es sich leisten, zu Martini ein Gänseessen abzuhalten. Für frühere Zeiten galt, ein Braten war ein Herrenessen, gekochtes Fleisch war Volksspeise.

Ein Kochbuch aus der Zeit vor dem Ersten Weltkrieg schildert uns ausführlich, wie man eine geschlachtete Gans rupfen, absengen und zurichten muss. Heute dagegen kann das der Metzger übernehmen, und wir schauen der Verfasserin beim Füllen und Braten der Gans über die Schulter:

GEBRATENE FETTE
Gans
✳ ✳ ✳

Nun kann die Gans gefüllt oder ungefüllt gebraten werden. Füllen kann man sie mit kleinen, ganzen Äpfeln, sog. Gänseäpfeln oder einen kleinen Zweig Beifuß hinzulegen oder mit einer Mischung von Kastanien, Äpfeln und Rosinen. Das Ganze wird kurz vor dem Braten eingefüllt.

Die Füllung mit Kastanien ist sehr gut und sättigend. Man braucht zu einer Gans ½ bis 1 Kilo Kastanien, denen man die äußere Schale abzieht, dann in kochendem Wasser ziehen läßt, bis sich auch die innere Haut abziehen läßt. Dann stellt man sie mit wenig Wasser, etwas Butter, Salz und Zucker aufs Feuer und kocht sie halb gar, vermischt sie mit in Scheiben geschnittenen mürben Äpfeln und 125 g gereinigten Sultaninen, füllt sie in die Gans und näht die Öffnung zu. Dann legt man die Gans zuerst mit der Brust nach unten in die Pfanne, gießt 1 l kochendes Wasser dazu, schiebt sie in den heißen Ofen und läßt sie zuerst unter fleißigem Begießen langsam braten. Nach 1 Std. dreht man sie um, so daß nun die Brust oben ist und läßt sie noch 1 Std. langsam weiter braten, wobei sie oft begossen werden muß. Wird das Fett zu braun, so gießt man von der Seite ein wenig heißes Wasser hinzu. Zuletzt sorgt man für stärkeres Feuer, damit die Gans schön braun wird, schöpft öfters das überflüssige Fett ab, schabt auch den braunen Satz an den Seiten der Pfanne los, damit er in der Sauce mit verkocht und diese kräftiger wird. Ist dann die Gans weich (wenn sich die Keulen leicht eindrücken lassen), so legt man sie auf eine heiße Schüssel und gießt alles Fett aus der Pfanne rein ab. Dann wird etwas Mehl mit Wasser angerührt, in die Bratpfanne getan und damit alles Angesetzte von der Pfanne losgerührt, noch kaltes Wasser dazu getan so viel man Sauce braucht, alles aufgekocht und durch ein Sieb gegossen. Dann läßt man sie in der Pfanne noch einmal aufkochen, gibt auch, wenn nötig, etwas von dem abgegossenen Bratenfett dazu und schmeckt sie mit Salz ab. Man kann die zerlegte Gans mit den gebratenen Äpfeln und mit Kartoffelcroquetts garnieren, oder gekochte Kartoffeln und gedämpften Rotkohl oder Grünkohl dazu servieren.

Nach dem Martinstag begann ursprünglich eine 40-tägige Fastenzeit, vergleichbar mit der zu Ostern. Während in der orthodoxen Kirche die weihnachtliche Fastenzeit beibehalten wurde, ist sie aus unserem Leben bis auf Ausnahmen verschwunden. Zugegeben, im Angesicht der Batterie von Schokoladen-Nikoläusen in den Auslagen der Kaufhäuser kommen uns im September, wenn die meisten gerade erst aus den Sommerferien zurückgekehrt sind – »das mit den Osterhasen war doch auch erst kürzlich …«– nicht unbedingt Gedanken an eine Fastenzeit vor Weihnachten. Wenn wir allerdings die Konsequenzen überdenken, die die kalorienreichen Festtagsspeisen zwischen dem Heiligen Abend und Heilige Drei Könige mit sich bringen, die uns gewissermaßen ein paar Pfunde zuviel in die Waagschale werfen, so könnte ein wenig Diät vor Weihnachten auch ohne kirchlichen Auftrag ganz heilsam erscheinen. Ein Echo der alten Fastenzeit findet man heutzutage noch im Weihnachtskarpfen, der als Fisch das Fastengebot erfüllte, das nicht am Heiligen Abend, sondern erst am 25. Dezember aufgehoben wurde.

Der Kult des heiligen Martin hingegen, in katholischen Gebieten wie am Niederrhein als Martinsumzug eine jahrhundertealte Tradition, hat sich seit den 1950ger Jahren in beiden Konfessionen für Kindergarten- und Grundschulkinder bewährt. Die Kinder ziehen mit ihren Laternen umher und singen dem Heiligen Lieder. Mit Martin begann auch das Schenken. Überlieferungen aus dem Mittelalter belegen, dass wohlhabende Adlige Geschenke an Bedürftige austeilten, vor allem Mäntel. Sie eiferten damit dem Heiligen nach, den man auf Altären, Standbildern und Kirchenfenstern sah, wie er am Stadttor von Amiens mit einem Bettler seinen Mantel teilte. Auf diese Weise soll auch der Minnesänger Walther von der Vogelweide zu einem kostbaren Pelzmantel gekommen sein – die Spende eines Bischofs. Auch heute übt sich der berittene Martin in Mildtätigkeit, indem er seinen Mantel teilt und oft noch gebackene Martinsfiguren oder Weckbrote an die Kinder verteilt. Auch das ist ja, wie wir wissen, ein weihnachtliches Thema. Glück soll sie bringen, die Mildtätigkeit, und Glück brauchen auch die Menschen in den ländlichen Gegenden, heute wie früher, als noch die meisten von der Scholle lebten, sei es als Bauern oder als Tagelöhner. Sie alle waren der Natur und ihrem unberechenbaren Temperament stärker ausgeliefert, als das bei Handwerkern oder Beamten in den Städten der Fall war.

GLÜCK BRINGENDE BRÄUCHE

Das Ausbringen von Saatgut, das Reifen der Getreide, des Gemüses und Obstes und ihre Ernte wie auch die Gesundheit des Viehs sind unbestritten nicht nur von fleißiger Arbeit, gutem Boden und den richtigen Entscheidungen abhängig, sondern auch von höherer Gewalt. Kein Wunder, dass Menschen versuchen, sich die Mächte des Schicksals gewogen zu halten, und dass es dafür einige hartnäckig bestehende Regeln gibt, die sich von einer Generation auf die nachfolgende über viele Jahrzehnte überliefern. Wer kann schon einen längeren Zeitraum als drei, höchstens vier Generationen überblicken? Alles, was sich diesbezüglich an Erfahrungen vererbt hat, erweckt daher den Anschein, dass es schon immer und ewig Gültigkeit hat. Also ist die Schlussfolgerung naheliegend, dass es besser ist, kein Risiko einzugehen, sich den traditionellen Vorsichtsmaßregeln gegen Schicksalsschläge und böse Mächte zu unterwerfen und sie zu befolgen – Christentum hin oder her. Außerdem lassen sich ohne weiteres Aberglaube und christliche Religion miteinander versöhnen.

Zum Aberglauben gehört beispielsweise die Sitte, den Christklotz oder Weihnachtsklotz im Freien oder im Kamin zu entzünden. Es muss ein Baumstamm von einer Stärke sein, dass er die ganze Nacht brennen kann. Der ländliche Brauch, in England als *Jul log*, in Frankreich als *buche de Noël* verbreitet, stammt angeblich aus dem Mittelalter. Das Feuer sollte böse Geister vertreiben, und die Asche, auf die Felder aufgebracht, die Ernte mehren. Der Glaube an die beseelte Natur herrschte länderübergreifend über viele Jahrhunderte bis zum Zweiten Weltkrieg in ländlichen Gebieten. Rund um dieses Feuer gibt es daher ein paar Bauernregeln.

Da ist die Forderung, dass das Feuer bis zur Mitternachtsmesse nicht erlöschen darf, sonst drohen Katastrophen. Dann darf man das brennende Holz nicht mit einem eisernen Kaminbesteck zurechtrücken. Wenn das Holz Funken sprüht, verspricht die Ernte im kommenden Jahr reich zu werden. Wenn der Feuerschein Schatten auf die Wände wirft, sterben im kommenden Jahr Mitglieder der Hausgemeinschaft. Die Asche muss gut aufgehoben werden, sie schützt vor Unwetter, heilt Krankheiten und düngt die Erde – heutzutage wird man sicher die letztgenannte Verwendung vorziehen. Man darf sich nicht auf einen als Weihnachtsklotz vorgesehenen Holzstock setzen, sonst bekommt man Furunkel.

Wer keinen Kamin oder Feuerplatz hat, kann immerhin noch mit der »Rauchpfanne« (zu ersetzen durch eine Keramikschale mit Sand) durch die Wohnung gehen: Der Rauch vertreibt die bösen Geister, besonders wenn man auf die glühenden Räucherkohlen Weihrauch oder geweihte Kräuter legt. Auch Wacholderholz duftet beim Verbrennen und hält böse Geister fern. Ein solcher feierlicher Umzug durch die Wohnung vor dem Fest schließt die hektischen Festvorbereitungen, das gemeinsame Aufräumen und Putzen ab und macht die vom alltäglichen Schmutz wie auch von bösen Geistern gereinigte Wohnung bereit für das Fest – und auch ihre Bewohner, die schon der besondere Duft in eine festliche Stimmung versetzt.

WACHOLDER WIRD SEIT ALTERS HER ZUM RÄUCHERN VERWENDET, SEIN RAUCH HÄLT BÖSE GEISTER FERN.

Der Glaube an die Wirksamkeit einer bestimmten Speise, zu einer bestimmten Zeit eingenommen, lässt sich über eine lange Dauer nachweisen. Und zu Weihnachten als der wichtigsten Zeit des Jahres gehören daher auch solche magischen Speisen. Im Salzburger Land verzehrt man am Mittag des 24. Dezember das »Bachlkoch«. Dieser süße Brei aus etwa sechs Esslöffeln Mehl, einem Liter Milch, einem Stich Butter, 6 Esslöffeln Honig und einer großen Prise Salz wird oft in einer Kupferpfanne zubereitet und aufgetischt, die einzig zu diesem Zweck dient und nur einmal im Jahr benutzt wird. Direkt aus dieser Pfanne wird das Bachlkoch auch gegessen. Die Speise soll Kraft für das ganze Jahr verleihen. In dieses Mahl sind auch die Früchte tragenden Bäume um das Haus – stellvertretend für alles, was wachsen und gedeihen soll – eingeschlossen. Durch Klopfen am Baum und dem Ausruf »Bam, kemmt's essen«, werden die Bäume im Hof eingeladen, an der Stärkung teilzunehmen. Manchmal werden sie sogar mit dem Bachlkoch bestrichen. Auch aus Schlesien werden derartige Bräuche berichtet.

AUS DEM BRAND DES CHRISTKLOTZES LÄSST SICH GLÜCK UND UNGLÜCK FÜR DAS KOMMENDE JAHR VORHERSAGEN.

BRÄUCHE

WEIHNACHTSSEGEN FÜR DIE TIERE

Verbreiteter, bis nach Schleswig-Holstein und Schweden reichend, ist der Brauch, den Hoftieren in den nach regionalem Glauben herausragenden vier der zwölf Raunächten – die Thomasnacht am 21. Dezember, die Christnacht, Silvester und Heilige Drei Könige – neben einer reichlichen Futtergabe ein Büschel Palmkätzchen oder Heu zu bringen, das in der Christnacht dem Tau ausgesetzt wurde und damit eine gewisse Weihung erfahren hat, quasi als protestantischer Ersatz für das Weihwasser.

In katholischen Gebieten finden heute noch am 26. Dezember, dem Namenstag des heiligen Stephan und Tag des Pferdes, Pferde-Umzüge und -Segnungen statt. Dazu werden Salz, Wasser und Hafer geweiht und an die Pferde verteilt. Niemand weiß genau, wie es zu dem Pferdepatronat des frühen christlichen Märtyrers Stephan gekommen ist, aber fest steht, dass es den »Stephaniritt« mancherorts schon seit Jahrhunderten gibt und er heute noch viele Schaulustige anzieht.

DIE UNSCHULDIGEN KINDER UND DER KINDERBISCHOF

Nach dem Weihnachtsfest ist der Tag der Unschuldigen Kinder, der 28. Dezember, als ein Höhepunkt alten Brauchtums anzusehen. Er gilt als der Jahrestag des legendären Kindermords von Bethlehem, den nach der Bibel König Herodes in Auftrag gab: Alle Knaben unter zwei Jahren wurden ermordet, damit der neue König der Juden nicht überleben sollte. Das Gedenken daran ließ ein Kinderbischofsfest entstehen, das sich an Kloster-, Stifts- und Domschulen trotz anders lautender Konzilsbeschlüsse und kirchlicher Verbote immer wieder durchsetzte. Das Fest gab den Schülern das Recht, einen unter sich zu bestimmen, der sie, mit allen Insignien bischöflicher oder klösterlicher Macht ausgestattet, für einen Tag vertreten sollte. Ein närrisches Fest wurde veranstaltet, bei dem die Machtverhältnisse umgekehrt wurden, denn nun urteilte ein Kind über die sonst unangefochtenen Äbte und Prioren, verteilte Lob und Tadel und brandmarkte deren Fehlentscheidungen. Es gab durchaus auch Strafen, das wilde Geschehen trug beinahe anarchische Züge. Die Autoritäten mussten es sich gefallen lassen.

Dieser für uns teilweise grotesk anmutende Freiraum mittelalterlicher Feste hatte damit zu tun, dass die Bräuche zur Zeit der »Narrenfeste« stattfanden, die so um den 6. Januar (Heilige Drei Könige) herum begannen. Mit der Verbreitung des heiligen Nikolaus als Patron der Schüler gilt sein Namenstag zwar gelegentlich als Auftakt des Festes, seinen krönenden Abschluss erreicht es jedoch am 28. Dezember. Zwar verdrängte der Protestantismus die Sitte, in katholischen Bereichen verbannte sie spätestens die Aufklärung, jedoch versucht man heute, den Brauch wieder zu beleben – Beispiele gibt es im protestantischen Hamburg und im Erzbistum Köln. Durch die Wahl eines Kinderbischofs, der das Recht hat, die Erwachsenen auf Fehler und Versäumnisse aufmerksam zu machen, und so die Sache der Kinder in den Gemeinden vertritt, will man Kindern mehr Raum geben und sie stärker in das kirchliche Geschehen und die Arbeit in den Pfarreien einbinden. Der Gedanke, dass auch in der Familie die Kinder mal »den Ton angeben« dürfen, Vorschläge machen dürfen, wie ein Ferientag ihrer Meinung nach zu gestalten ist, kann vielleicht als Anregung dienen für ein glückliches Familienleben, in dem alle zu ihrem Recht kommen.

IN DIE ALLGEMEINE WEIHNACHTSFREUDE WURDEN AUCH DIE HOFTIERE MIT EINBEZOGEN.

🕮 DIE BIBEL ERZÄHLT, DASS DAS JESUSKIND VON DEM ALTEN PROPHETEN SIMEON MIT EINEM LOBGESANG BEGRÜSST WURDE, ALS SEINE ELTERN ES IN DEN TEMPEL BRACHTEN.

DIE HEILIGEN DREI KÖNIGE

Mit dem Dreikönigstag endet die finstere Zeit der Raunächte. In vielen Familien rücken die Krippenfiguren der Könige oder weisen Sterndeuter aus dem Osten jeden Tag ein Stück näher an die Krippe heran, um sie an diesem Tag zu erreichen und dem Jesuskind ihre Geschenke, Gold, Weihrauch und Myrrhe, darzubringen. Schon seit dem Mittelalter, als die angeblichen Gebeine der heiligen drei Könige als Kriegsbeute nach Köln kamen, werden die Weisen in Deutschland verehrt, und schon seit dieser Zeit gehen auch die Sternsinger von Haus zu Haus, um als Könige verkleidet eine milde Gabe zu erbitten und ihre Lieder zu singen. Heute sind es vor allem Kinder, die beim Sternsingen nicht etwa für die eigene Tasche, sondern für Not leidende Kinder in anderen Ländern Geld sammeln – ein heißer Kakao ist bei den kleinen Sternsingern jedoch meist ebenfalls sehr willkommen. Dazu schreiben sie mit geweihter Kreide einen sehr alten Segen auf die Hauswand oder die Tür: 20+C+M+B+09: Die Jahreszahl und die Abkürzung für *Christus Mansionem Benedicat: Christus segne das Haus* – die Kinder erkennen darin die Anfangsbuchstaben der drei Weisen: Caspar, Melchior und Balthasar.
Ein hübscher Brauch zum Dreikönigsfest wird in Frankreich gepflegt: Um den »König« des Tages zu ermitteln, wird in einem Blätterteigkuchen eine Bohne versteckt. Wer das Kuchenstück mit der Bohne erwischt, wird mit einer Papierkrone gekrönt und darf mit einer Königin seiner Wahl einen Tanz aufführen (natürlich darf sich auch eine Finderin der Bohne ihren König suchen). Um jedes Mogeln auszuschließen, muss sich bei Familienfesten der jüngste Festteilnehmer unter den Tisch setzen und von dort aus bestimmen, welches Kuchenstück auf welchen Teller kommt. »Wer soll dieses Stück bekommen?«, fragt der Kuchenschneider von oben, und das Kind nennt einen Namen. Eine Variante wird aus Westfalen berichtet, da wurden gleich vier verschiedenfarbige Bohnen mit gebacken, drei davon bestimmen, wer Caspar, Melchior und Balthasar sein darf, die dicke Bohne hingegen fürchtet jeder, denn er wird damit zum Kamel erklärt – für ein ganzes Jahr.

LICHTMESS

Während heute viele Menschen am Dreikönigstag schon ihren Christbaum entsorgen, dauert die traditionelle Weihnachtszeit noch länger: So, wie sie 40 Tage vor Weihnachten begann, endet sie 40 Tage nach Weihnachten am 2. Februar mit dem Lichtmess-Fest. Die biblische Begründung des Festes liegt in der »Schonzeit«, die das jüdische Brauchtum Mutter und Kind bis 40 Tage nach der Geburt einräumte. Diese Zeit wurde mit einem Opfer im Tempel abgeschlossen, das auch Maria und Josef dargebracht haben sollen. Entsprechend wird in der Kirche traditionell erst an diesem Tag die Krippe abgebaut, im Haus wurden früher die letzten Reste an Weihnachtsgebäck herausgesucht und feierlich an die Tiere verfüttert.
Der Name Lichtmess kommt von einem anderen Brauch: Die Tage werden nun schon merklich länger, und man feiert die Wiederkehr des Lichts in der Kirche mit einer Kerzenweihe. Die geweihten Kerzen bewahrte man im Haus, um sie bei besonderen Gelegenheiten, zum Beispiel als Schutz vor Gewitter, anzuzünden. So wie die Laternen zu Sankt Martin den Beginn der dunklen Weihnachtszeit verkünden, zeigen die Kerzen zu Lichtmess ihr Ende an. ✳

69 } BRÄUCHE

Draußen feiern

Indem wir den Gedanken aufgreifen, dass den Hoftieren früher in den vier besonderen Rau- nächten ein Büschel Palmkätzchen oder Heu serviert wurde, haben wir für uns heute eine auch für Städter geeignete Variante gestaltet. Ich meine damit nicht das im Tannenbaum versteckte Würstchen für den Familienhund, sondern eine gemeinsame Aktion, die uns in den nahen Wald führt. Die Nachmittage im Advent, vielleicht kurz bevor es dunkel wird, sind für solch einen kleinen Familienausflug besonders geeignet. Da macht dann auch der Spaziergang Spaß, denn wir haben das Ziel, mit den Kindern eine »Waldweihnacht« zu feiern, eine Weihnachtsbescherung für die Waldtiere, die, besonders wenn Schnee fällt, nichts mehr zu fressen finden. Wir suchen uns einen schönen kleinen Baum, den wir für die Vögel mit Meisenringen und Hirsetalern behängen. Wochen vorher haben wir mit den Kindern Kastanien und Eicheln gesammelt, ebenso wie Äpfel, von denen viele unter den Bäumen liegen bleiben, weil diese nicht abgeerntet werden. Vielleicht gelingt es auch, eine Zuckerrübe zu organisieren. Kastanien, Eicheln und die anderen Früchte sind unter dem Nadelbäumchen gut aufgehoben, da sie dort vor Schnee geschützt sind.

BEI UNSERER WALDWEIHNACHT BESCHEREN WIR EICHHÖRNCHEN, VÖGEL UND REHE.

Einige Äpfel können die Kinder auch an die unteren Zweige des Baumes hängen, sodass die Rehe sie mühelos erreichen können. Es macht den Kindern Freude, so einen »Schleckerbaum« für die Tiere zu schmücken, und es ist für Hasen und Rehe eine leckere Mahlzeit. Für Rebhühner, Fasanen und Mäuse sind Maiskörner oder Sonnenblumenkerne, ebenso unter Bäume gestreut, damit sie schneesicher sind, dankbares Futter. Sind die Kinder schon alt genug, ihnen eine Fackel in die Hand zu drücken, wird der Nachhauseweg besonders stimmungsvoll. Ebenso schön ist es mit der Martinslaterne, die auch für Kleine leicht zu handhaben ist.

EINE ALTE REKLAME ZEIGT AUSGELASSENES WEIHNACHTSTREIBEN IM FREIEN.

WILDE UMZÜGE

Der Literat Jean Paul (1763–1825) bemerkt über die Weihnachtszeit: »Gänge in tiefer Dämmerung und halber Nacht berauschen und begeistern die Jugend.«

Wem nach den Feiertagen zuhause »die Decke auf den Kopf fällt« oder wer sich gar mit dem Wunsch der halbwüchsigen Kinder konfrontiert sieht, ausgerechnet Weihnachten ein Hardrock-Konzert zu besuchen, der kann sich damit trösten, dass auch unsere Altvordern schon Weihnachten ein Heidenspektakel aufgeführt haben.

Dabei lassen sich die verschiedenen Bräuche nicht auf einen speziellen Tag festlegen, die gesamte Zeit vom Abend des 5. Dezember bis 6. Januar ist nicht nur mit freudigen Überraschungen erfüllt, sondern auch mit Prophezeiungen, Drohungen und Repressalien. Dabei fällt auf, dass nahezu jede »Lichtgestalt« auch eine Schattenseite hat und in einer dämonischen Natur existiert. Im schlimmsten Fall hat sie für die Menschen wahre Höllenstrafen in petto. Beginnen wir mit Nikolaus, dem wir bereits im Kapitel *Schenken* begegnet sind und der als Kinderfreund und Gabenbringer schon seit unserer frühesten Jugend unser Vertrauen gewann. Da haben wir Glück gehabt, dass wir nicht, wie Mitte des 19. Jahrhunderts aus der Oberpfalz berichtet wird, auf diesen Nikolaus gestoßen sind:

✳

In halb riesenmäßigem, halb teuflischem Aufzug fährt er durchs Land und trägt einen ungeheuren Zwergsack übergehängt, in welchen er unartige Kinder, versoffene Bauern, lösmäulige Weiber und dergleichen ohne Gnade hineinsteckt. Er wirft die bösen Kinder angeblich in den nächsten Brunnen, Weiher, Bach, Fluss. Oder er schleppt sie in den wilden Wald hinaus, vergräbt sie dort oder hängt sie auf einen hohen Baum. An einzelnen niederbayerischen Orten soll er sogar die entführten Kinder fressen.

HEUTIGE PERCHTEN KÖNNEN ES
DURCHAUS MIT GRUSELFILMEN
AUFNEHMEN

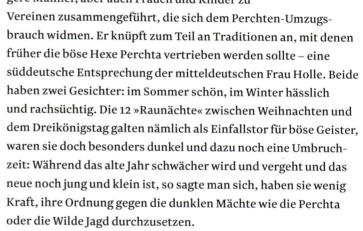

Diese Behauptung entspringt einem Missverständnis mittelalterlicher Darstellungen, in denen sich ein Teufel kleine Menschen einverleibt, was jedoch das Einkassieren von Seelen bedeutet. Doch die Drastik dieser Bilder wird bewusst missdeutet – ein Beispiel ist der Kindlifresser-Brunnen in Bern.
Natürlich macht es den jungen Männern, die als verkleidete Bösewichter den Nikolaus von Haus zu Haus begleiten, unheimlichen Spaß, unerkannt in der Rolle einer fürchterlichen Teufelsgestalt die Leute, speziell die Kinder und da vor allem heranwachsende Mädchen zu erschrecken. Wer sich zur Weihnachtszeit im Alpenraum aufhält, kann Zeuge davon werden. Krampusumzüge finden in Osttirol, Kärnten und Salzburg statt, aber auch in Südtirol. Über tausend Krampusse machten 2008 St. Johann im Pongau unsicher. Die Gestalten machen nicht nur einen Höllenlärm mit ihren umgehängten Glocken und ihrem Geschrei, sie sehen auch aus wie direkt der Hölle entstiegen: Fratzenhafte Holzmasken mit gräulichen Hörnern bedecken die Köpfe, umgelegte Tierfelle verleihen jedem von ihnen den Nimbus einer besonders perfiden Laune der Natur.

Im Berchtesgadener Land kennt man das Buttnmandllaufen, ähnlich dem Klausentreiben im Allgäu ein adventlicher Brauch (»buttn« bedeutet rütteln), der urkundlich Mitte des 17. Jahrhunderts verbrieft ist. Zwölf junge, unverheiratete Männer wickeln sich in Stroh ein und ziehen in Begleitung des heiligen Nikolaus durch die Ortschaft. Sie verbergen ihre Gesichter hinter Masken aus Fell oder Jute. Mit Hörnern, spitzen Eckzähnen und überlangen Zungen zu imaginären Tiergestalten verkleidet, gehen sie in Bauernhöfe und Wirtshäuser, um Kindern oder Mädchen ihres Alters Angst einzujagen. Sie schlagen mit Ruten, schreien und brüllen. Manchmal ist auch ein »Gangerl«, ein Teufel mit rasselnden Ketten dabei. Dagegen hilft nur das Weihwasser! Meist etwas abseits der Ortschaft mahnt St. Nikolaus zur Stille, die wilden Kerle knien nieder, sprechen Gebete und werden mit Weihwasser besprengt. Danach treiben sie es nur noch schlimmer. Zur Belohnung für die ausgestandene Aufregung lässt der Bischof Geschenke verteilen, die ein »Nikoloweibl«, ein verkleideter Junge in Berchtesgadener Frauentracht, oder ein Engel mit sich führen.

Spaß an Maskerade und Lärm, gepaart mit dem Gefühl, den Schreckensgeistern der Vergangenheit etwas ebenso Furcht einflößendes entgegenzusetzen, hat vorwiegend jüngere Männer, aber auch Frauen und Kinder zu Vereinen zusammengeführt, die sich dem Perchten-Umzugsbrauch widmen. Er knüpft zum Teil an Traditionen an, mit denen früher die böse Hexe Perchta vertrieben werden sollte – eine süddeutsche Entsprechung der mitteldeutschen Frau Holle. Beide haben zwei Gesichter: im Sommer schön, im Winter hässlich und rachsüchtig. Die 12 »Raunächte« zwischen Weihnachten und dem Dreikönigstag galten nämlich als Einfallstor für böse Geister, waren sie doch besonders dunkel und dazu noch eine Umbruchzeit: Während das alte Jahr schwächer wird und vergeht und das neue noch jung und klein ist, so sagte man sich, haben sie wenig Kraft, ihre Ordnung gegen die dunklen Mächte wie die Perchta oder die Wilde Jagd durchzusetzen.

Obwohl der Besuch der Perchten als glückbringend angesehen wird und man gut daran tut, sie bestens zu verköstigen, zählen sie zu den Raunachtgeistern, die auch »Die Wilde Jagd« genannt werden. Ihr Gegenbild sind die so genannten Glöckler oder Schönperchten, gute Lichtgeister. Sie sind weiß gewandet und tragen riesige kunstvoll gefertigte Aufbauten – Holzgerüste mit farbigem Transparentpapier – auf ihrem Kopf, die von innen

73] DRAUSSEN FEIERN

mit Kerzen beleuchtet werden. Sie sollen am 5. Januar endgültig die schlimmen Geister vertreiben. Während der letzten 150 Jahre etwa hat sich dieser Brauch vom Traunsee bis ins Salzkammergut verbreitet.

Auch außerhalb der Alpenregion ging es früher zur Weihnachtszeit nicht immer besinnlich und gesittet zu. Die Verbote dieser Bräuche belegen, wie heftig und lautstark damals gefeiert wurde. Aus Bawinkel im nördlichen Westfalen ertönt 1655 herbe Kritik: »Die Christnacht ward hier mit Hirtenliedern und Volksreimen, Hornblasen und dergleichen symbolischen Seltenheiten gefeiert, was jedoch mehr die Neugierde der zahlreich herbeiströmenden Nachbarschaft erweckte, als die reine und würdige Andacht belebte.« Überall unter den Kirchenbesuchern verteilte Schäfer und Schulkinder bliesen so genannte Schäfermusik auf Hörnern, die aus grobem Holz geschnitzt waren, sowie auf Pfeifen und Schalmeien und verursachten damit während des Gottesdienstes ein solches Gedröhn, dass die Geistlichkeit mehrfach ein Verbot aussprechen musste, was aber immer wieder zurückgenommen wurde, da der Brauch schon auf alten Darstellungen mit der Geburt Christi zu finden war und daher eine gewisse Durchsetzungskraft besaß. Ähnliches wird aus dem Oldenburgischen, den Gebieten um Münster, um Vechta und der Umgebung von Braunschweig berichtet.

Von Tumult und Lärm berichtet auch ein Erlass von Friedrich I. von Preußen aus dem Jahr 1711: »Weil mit denen Lichter-Cronen auf dem Christabend viel Gaukeley, Kinder-Spiel und Tumult getrieben wird; als befehlen wir Euch hiermit nicht allein solche Christ- und Lichterkronen gäntzlich abzuschaffen, sondern auch die Christ-Messen nicht des Abends, sondern des Nachmittags um 3 Uhr zu halten. Daran geschieht Unser Wille, und seynd euch mit Gnaden gewogen.« Sein Nachfolger Friedrich Wilhelm I. befahl 1739 sogar: »wegen der Christ-Abend-Ahlfanzereien«, bei denen »die Leute mit Kronen, oder auch Masken vom Engel Gabriel, Knecht Ruprecht usw. gegangen ... den Tag vor Weihnachten die sämtlichen Kirchen des Nachmittags schließen zu lassen und keine Christabend- und Christnachts-Predigten zu halten.«

VON HAUS ZU HAUS FÜR KLEINE GABEN

Zu Silvester sind auch im Norden Deutschlands und in Süddänemark maskierte Gruppen unterwegs. Auf Sylt ebenso wie auf dem Festland, wo der Brauch als Rummelpottlaufen bekannt und seit dem 19. Jahrhundert belegt ist. In Gruppen ziehen geschminkte und verkleidete Kinder und Erwachsene von Haus zu Haus. Niemand soll sie erkennen. Sie singen Lieder und erhalten dafür Süßes oder Hochprozentiges. Dabei schlagen sie auf ihren Rummelpott oder Brummtopf und verscheuchen mit dem Lärm die alten, bösen Geister des vergangenen Jahres. Wünsche für ein gutes neues Jahr folgen.

Die Schweizer Silvesterkläuse aus dem Kanton Appenzell sind mit den Rummelpottläufern vermutlich seelenverwandt. Unter den drei Arten von Kostümierungen verbergen sich jedoch ausschließlich Männer: Es gibt die »schönen« mit reich verzierten Kopfbedeckungen und einem Gewand, das der Tracht ähnlich ist, die »schön-wüeschten«, deren Kopfbedeckungen mit Tannenreisig und Moos verziert sind, und die »wüeschten« mit grausigen Masken.

Kinder stehen in Kärnten, der Steiermark und Bayern im Mittelpunkt eines Brauches. Sie ziehen von Haus zu Haus und wünschen den Erwachsenen beim so genannten »Pisnen« oder »Schappen« mit Zweigen oder Ruten Gesundheit und Glück im neuen Jahr. Dafür erhalten sie dann kleine Geschenke. Die »Schappen« sind Verse, die sie dabei aufsagen, so wie folgender »Schappen« aus der Oststeiermark:

Frisch und g'sund, Frisch und g'sund
ganzes Jahr pumperlg'sund,
gern geb'n, lang leb'n, glückselig sterb'n,
Christkindl am Hochaltar,
des wünsch i dir zum neuen Jahr.

Dieser Brauch ist im bayerischen Weißenburger Land als Fetzeln oder Pfeffern ebenso bekannt. Mit Ruten oder Reisig schlagen die Kinder den Erwachsenen auf die Füße, sagen einen Vers auf und erhalten Süßes oder etwas Geld dafür.

Viele dieser Bräuche, bei denen von Haus zu Haus gezogen wird, haben ihren Sinn nicht nur im Aberglauben oder in der Lust am Verkleiden. Der Sinn der »Heischebräuche«, bei denen die Umziehenden Geld oder Essen bekamen, war vor langer Zeit, den Kindern und Bedürftigen von der Gemeinschaft etwas zukommen zu lassen, was sie das Jahr über entbehren mussten, und dort, wo auch die Lehrer mit ihnen zogen, versuchten diese, sich ihr kärgliches Gehalt etwas aufzubessern.

75 | DRAUSSEN FEIERN

Das Weihnachtsgeheimnis

Kann das Geheimnis von Weihnachten von irgend jemand tiefer empfunden werden als von einem kleinen Jungen, der schon wochenlang gespannt auf diesen Heiligen Abend wartet, an dem er zum ersten Mal mit den Erwachsenen in die Mitternachtsmette darf? Es ist, als würde Peter Rosegger (1843–1918) dieses große Ereignis noch einmal erleben, wenn er viele Jahre danach festhält, wie es war, als er mit dem Knecht im Dunkeln vom heimatlichen Kluppeneggerhof durch den steirischen Bergwald zur nächst gelegenen und doch so entfernt liegenden Kirche stapfte.

↪ VERWUNSCHEN IM SCHNEE GELEGEN VERHEISST DIE KIRCHE VON SEIFEN DIE WÄRME DER CHRISTMETTE.

∽ IN DER CHRISTMETTE STRAHLT DIE KIRCHE IM KERZENLICHT.

✴

Endlich klangen alle Glocken zusammen, in der Kirche begann die Orgel zu tönen, und nun gingen wir hinein. Das sah ganz anders aus als an den Sonntagen. Die Lichter, die auf dem Altar brannten, waren hellweiße, funkelnde Sterne, und der vergoldete Tabernakel strahlte gar herrlich zurück. Die Ampel des Ewigen Lichtes war rot. Der obere Raum der Kirche war so dunkel, daß man die schönen Verzierungen des Schiffes nicht sehen konnte. Die dunklen Gestalten der Menschen saßen in den Stühlen oder standen neben denselben; die Weiber waren sehr in Tücher eingeschlagen und husteten. Viele hatten Kerzen vor sich brennen und sangen aus ihren Büchern mit, als auf dem Chor das Tedeum ertönte. Der Großknecht führte mich durch die zwei Reihen der Stühle gegen einen Nebenaltar, wo schon mehrere Leute standen. Dort hob er mich auf einen Schemel zu einem Glaskasten empor, der, von zwei Kerzen beleuchtet, zwischen zwei aufgesteckten Tannenwipfeln stand und den ich früher nie gesehen hatte. Als mich der Großknecht auf den Schemel gehoben hatte, sagte er mir leise ins Ohr: »So, jetzt kannst das Krippel anschauen.« Dann ließ er mich stehen, und ich schaute durch das Glas. Da kam ein Weiblein zu mir herbei und sagte leise: »Ja, Kind, wenn du das anschauen willst, so muß dir's auch jemand auslegen.« Und sie erklärte mir die kleinen Gestalten.

Ich sah die Dinge an. Außer der Mutter Maria, welche über den Kopf ein blaues Tuch geschlagen hatte, das bis zu den Füßen hinabging, waren alle Gestalten, welche Menschen vorstellen sollten, so gekleidet wie unsere Knechte oder wie ältere Bauern. Der heilige Joseph selbst trug grüne Strümpfe und eine kurze Gamslederhose.

Als das Tedeum zu Ende war, kam der Großknecht wieder, hob mich von dem Schemel, und wir setzten uns in einen Stuhl. Dann ging der Kirchenmann herum und zündete alle Kerzen an, die in der Kirche waren, und jeder Mensch, auch der Großknecht, zog nun ein Kerzlein aus dem Sack und zündete es an und klebte es vor sich auf das Pult. Jetzt war es so hell in der Kirche, daß man auch die vielen schönen Verzierungen an der Decke genau sehen konnte. Auf dem Chor stimmte man Geigen und Trompeten und Pauken, und als an der Sakristeitür das Glöcklein klang und der Pfarrer in funkelndem Meßkleid, begleitet von Ministranten und rotbemäntelten Windlichtträgern, über den purpurroten Fußteppich zum Altare ging, da rauschte die Orgel in ihrem ganzen Vollklang, da wirbelten die Pauken und schmetterten die Trompeten. Weihrauch stieg auf und hüllte den ganzen lichterstrahlenden Hochaltar in einen Schleier. – So begann das Hochamt, und so strahlte und tönte und klang es um Mitternacht. Beim Offertorium waren alle Instrumente still, nur zwei helle Stimmen sangen ein liebliches Hirtenlied, und während des Benediktus jodelten eine Klarinette und zwei Flügelhörner langsam und leise den Wiegengesang. Während des Evangeliums und der Wandlung hörte man auf dem Chor den Kuckuck und die Nachtigall wie mitten im sonnigen Frühling.

Tief nahm ich sie auf in meine Seele, die wunderbare Herrlichkeit der Christnacht, aber ich jauchzte nicht auf vor Entzücken, ich blieb ernst, ruhig, ich fühlte die Weihe.

⮎ EIN STERN MARKIERT IN DER GEBURTSKIRCHE DIE STELLE, AN DER DIE KRIPPE GESTANDEN HABEN SOLL.

VON DER GEBURTSKIRCHE IN BETHLEHEM AUS VERBREITETE SICH DAS WEIHNACHTSFEST IN DER WELT.

Ursprünglich ist die Christmette das in der Heiligen Nacht gesungene Morgengebet (»Mette« kommt vom lateinischen *matutinus*, morgendlich) der Kirche zum Weihnachtsfest. Daraus entwickelte sich der Begriff Christmette für die weihnachtliche Mitternachtsmesse. Wer heute das Fest mit einem Gottesdienst beginnen möchte, besucht häufig den feierlichen Vespergottesdienst (lateinisch *vespera*: Abend) am Heiligen Abend. Im Mittelpunkt steht die Weihnachtsgeschichte von der Geburt Jesu, die der Evangelist Lukas im zweiten Kapitel seines Evangeliums erzählt.

Es begab sich aber zu der Zeit, daß ein Gebot von dem Kaiser Augustus ausging, dass alle Welt geschätzt würde. Und diese Schätzung war die allererste und geschah zu der Zeit, da Cyrenius Landpfleger von Syrien war. Und jedermann ging, dass er sich schätzen ließe, ein jeglicher in seine Stadt. Da machte sich auch auf Joseph aus Galiläa, aus der Stadt Nazareth, in das jüdische Land zur Stadt Davids, die da heißt Bethlehem, darum dass er von dem Hause und Geschlechte Davids war, auf dass er sich schätzen ließe mit Maria, seinem vertrauten Weibe, die ward schwanger …

―――

Mit ihrer Lichtsymbolik, den Weissagungen der Propheten aus dem Alten Testament und vielen bekannten Weihnachtsliedern ist die Christvesper für viele Menschen der Gottesdienst im Jahresverlauf schlechthin. Oft sorgen Kantorei und Posaunenchor für den musikalisch anspruchsvollen Teil der Veranstaltung, im Chor sind Krippe und Tannenbaum aufgebaut. Mit dem Lied *Stille Nacht, Heilige Nacht* klingt der Gottesdienst oft bei reiner Kerzenbeleuchtung aus. Speziell für Familien mit ihren Kindern wird zusätzlich ein Gottesdienst mit Krippenspiel am frühen Nachmittag angeboten.

Die Christvesper hat ihren Ursprung in der Zeit der Reformation. Um unsittliches Treiben in der Weihnachtsnacht zu vermeiden, ersetzte man den Mitternachtsgottesdienst durch die Vesper am Vorabend. In der jüdischen und später in der katholischen Tradition beginnt ein Tag mit dem Sonnenuntergang am Vorabend, daher gibt es in der katholischen Kirche auch an anderen Sonntagen Vorabendmessen. Mit der Feier des Weihnachtsfestes am Heiligen Abend wird aber die Tradition, bereits am Vorabend zu feiern, auch in der evangelischen Kirche fortgesetzt. Der ganze Heilige Abend, ursprünglich ein normaler Werktag, hat sich aus diesem Beginn des Festes am Vorabend entwickelt, und wahrscheinlich stammt daher auch der Brauch, schon am 24. Dezember zu bescheren, den viele andere Länder nicht kennen. Dort kommt der Gabenbringer nachts, und die Kinder finden ihre Geschenke am Morgen des 25. Dezember.

79 | DAS WEIHNACHTSGEHEIMNIS

DER URSPRUNG DER WEIHNACHTSFEIER

Die ersten Weihnachtsgottesdienste zur Geburt des Gottessohnes fanden in Bethlehem statt. Die Geburtskirche mit der Grotte als Stätte der Geburt ist heute noch Anziehungspunkt für Tausende von Pilgern. Sie folgen dem Beispiel der Hirten, von denen es im Evangelium heißt:

Und da die Engel von ihnen gen Himmel fuhren, sprachen die Hirten untereinander: Lasst uns nun gehen gen Bethlehem und die Geschichte sehen, die da geschehen ist, die uns der Herr kundgetan hat. Und sie kamen eilend und fanden beide, Maria und Joseph, dazu das Kind in der Krippe liegen.

Der Legende nach bewegen sie sich auch auf den Spuren der heiligen Helena, der Mutter des römischen Kaisers Konstantin (272/85–337), die als Pilgerin nach Spuren Jesu in Palästina suchte. Zusammen mit ihrem Sohn ließ sie die Geburtskirche in Bethlehem errichten. Von Palästina aus gelangte die Feier der Geburt Jesu nach Rom.

Wer heute die Basilika Santa Maria Maggiore in Rom besucht, begibt sich an einen Ort, an dem die Gläubigen bereits im 4. Jahrhundert das Weihnachtsfest feierten. Hier stand die Reliquie der Krippe aus Bethlehem im Mittelpunkt – zur Anbetung in einem Kristallreliquiar aus vergoldetem Silber dargeboten. Am Beginn weihnachtlicher Feierlichkeiten stehen also die Geburtsgrotte und die Krippenreliquie mit ihrer besonderen Wirkung auf die Gefühle der Gläubigen. Derselbe Papst, der den Vorläuferbau der heutigen Kirche Santa Maria Maggiore mit seiner Krippenkapelle bauen ließ, erklärte auch den 25. Dezember als Tag der Geburt Christi zum Feiertag. Seit dem Jahr 813 feiert auch die Kirche im deutschen Sprachraum diesen Tag als besonderen Feiertag – seit den Zeiten von Karl dem Großen wird also bei uns an diesem Tag nach der Wintersonnenwende Weihnachten gefeiert.

Nicht nur für das Volk, das ja die lateinische Sprache der Liturgie nicht verstand, ist eine lebendige Darstellung dieses wichtigen Ereignisses wirksamer als jede Predigt. So wird dem Gründer des Franziskanerordens, Franz von Assisi (1181/82–1226), nachgesagt, er habe 1223 für seine Klosterbrüder in Grecchio eine Waldkrippenfeier mit lebenden Tieren veranstaltet. Lebende Krippen, die wie Franziskus die Weihnachtsgeschichte mit echten Tieren und manchmal auch Menschen darstellen, sind auch heute beliebt, besonders bei Kindern. Bekannt ist die lebende Krippe in Monschau in der Eifel, doch man findet solche Krippen auch im Rahmen von Weihnachtsmärkten.

So finden vielleicht durch Franziskus Ochs und Esel Einzug in die Krippe, wie der Prophet Jesaja (Kapitel 1, Vers 3) sie seinem Volk als Beispiel vorhält: *Ein Ochse kennt seinen Herrn und ein Esel die Krippe seines Herrn*; oder aber dank der bildhaften Fabulierkunst des Dominikanerpaters Jacobus de Voragine (1230–1298). Jacobus verquickt in seiner *Legenda Aurea* Bibel, Chroniken und spätere Quellen zu Heiligengeschichten und Legenden über das Leben Jesu. Aus diesem Volksbuch des Mittelalters schöpft die bildende Kunst über Jahrhunderte reiches Material.

UND SIE GEBAR IHREN ERSTEN SOHN UND LEGTE IHN IN EINE KRIPPE

DIE KRIPPE

✳

Und sie gebar ihren ersten Sohn und wickelte ihn in Windeln und legte ihn in eine Krippe; denn sie hatten sonst keinen Raum in der Herberge

— so heißt es bei Lukas. Wie aber kommt es nun zur Entstehung der Krippe, so wie sie uns in ihren vielfältigen Ausformungen heute vertraut ist? Vielleicht haben Sie ja Zeit und Lust, eine eigene Krippe zu bauen, und ich erzähle es Ihnen nebenbei. Unterstützung für Ihr Vorhaben können Sie sich bei verschiedenen Krippenbauvereinen holen. Landauf, landab bieten Volkshochschulen auch Krippenbaukurse an. Von einem Wurzelstall bis zu Papierkrippen finden Sie Anleitungen, Hinweise auf Handbücher und vieles mehr. Wenn es Ihnen nicht darum geht, einen kleinen Wettbewerb in Krippenarchitektur zu gewinnen, sondern Sie die Sache ganz spielerisch sehen und nur ein bisschen mit ihrem Kind zusammen basteln wollen, können Sie es vielleicht mit einem historischen Bastelbogen versuchen. Beim Ausschneiden können schon recht kleine Kinder mithelfen, und beim Aufstellen erzählt dann jede Figur dem Jesuskind ihre Geschichte, wie sie zur Krippe kam: Die Hirten, die Engel, Ochs und Esel ... Vielleicht haben die Figuren ja auch etwas mitgebracht?

Bei vielen Familien bekommt auch die gekaufte Krippe jährlich Zuwachs: Man beginnt mit der Heiligen Familie, erst im folgenden Jahr kauft man die Hirten, dann die Engel, die Tiere, die Heiligen Könige – und wenn das biblische Repertoire erschöpft ist, auch andere Figuren aus Bethlehem oder aus der eigenen Umgebung.

Die Weihnachtsfeier, wie sie Franz von Assisi ausgeschmückt hat, gleicht einem kirchlichen Theaterstück. Solche *Weihnachtsspiele* gab es im Mittelalter schon vor Franziskus. Aus den geistlichen Spielen in der Kirche entwickelten sich die *Mysterienspiele*, die von Bürgern auf dem Marktplatz aufgeführt wurden. Diese dienen ihrerseits als Anregung für die Krippen. Wie die Spiele wollen die Krippen im Betrachter das Gefühl wecken, bei dem großen Ereignis mit dabei zu sein. Über den biblischen Text hinaus rekonstruieren sie die Geburt Christi und das ganze denkbare Umfeld mit Engeln, Tieren und Hirten in liebevoll gestalteten Details.

In Tirol und in Deutschland wird aus dem Kind in der Futterkrippe das Kind in der Wiege, das Gemeindemitglieder während des Gottesdienstes ständig in Bewegung halten. Es heißt, die Wiege sei zum ersten Mal im Sterzinger Weihnachtsspiel von 1511 beschrieben, vermutlich hat man aber schon vorher in Tirol das Wiegen des Kindes ausgeübt. Wie früher macht das Nachspielen des Wiegens kleinen Kindern bestimmt auch heute Freude. Mit einer Puppenwiege und einer Babypuppe können sie das Christkind in den Schlaf wiegen. Nach Reformation und Gegenreformation ist für die Kirchgänger mehr Zurückhaltung angesagt. Sie staunen die Szenerie nur noch an: Krippen dienen im katholischen Gottesdienst als Veranschaulichung der Weihnachtsgeschichte. Vor allem die Jesuiten setzen die Krippe als Mittel geistlicher Unterweisung ein und verhelfen dem Krippenwesen in der Gegenreformation der Barockzeit zu einem großen Aufschwung. Aus den Kirchen gelangen sie an die Höfe, und schließlich im 19. Jahrhundert in die Privathäuser. Die Erzählweise nimmt im Laufe der Zeit an Überzeugungskraft zu, da die Figuren und Landschaften mit realistischen Details immer lebensnaher gestaltet werden.

Auch wenn die Aufklärung mit ihrem Misstrauen gegen den naiven Kinderglauben dafür sorgte, dass ein Zeit lang Krippendarstellungen aus den Kirchen entfernt wurden, die Leute holten die Krippen zu sich nach Hause. Im waldreichen Mittelgebirge, aber auch in anderen Regionen entstand nicht nur Krippenbaukunst zum Verkauf, für viele arme Menschen ein zusätzlicher Verdienst im harten Winter. Andere Familien bauten sich ihre Krippe für den eigenen Gebrauch. In der Zeit vor dem Ersten Weltkrieg wurden die ersten Krippenbauvereine gegründet, wo man in der gemeinsamen Werkstatt unter Anleitung seine eigene Krippe basteln kann. In den letzten 20 Jahren sind viele solcher Vereine neu gegründet worden, vielleicht auch in Ihrer Nähe. Heute ziehen Krippenausstellungen in Kirchen oder Museen tausende von Besuchern an: Das Bayerischen Nationalmuseum etwa besitzt der Welt größte historische Krippensammlung, das Museum in Telgte im Münsterland widmet sich ganz dem Sammeln von Krippen und Krippenkunst, Städte wie Köln oder Bamberg bieten einen Krippenweg an, der in der Weihnachtszeit von Kirche zu Kirche führt.

Und die Hirten kehrten zurück. Sie priesen und lobten Gott für alles, was sie gehört und gesehen hatten, gemäß dem, wie zu ihnen geredet worden war.

FRÜHER WIEGTEN DIE GLÄUBIGEN DAS CHRISTKIND IN EINER ECHTEN WIEGE.

DAS WEIHNACHTSGEHEIMNIS

Kinder

Die Kinder dürfen nicht eher kommen, als bis das Zeichen gegeben wird, daß der heilige Christ zugegen gewesen ist, und die Geschenke, die er mitgebracht, hinterlassen hat. Dann geht die Tür auf, die Kleinen dürfen hinein, und bei dem herrlichen schimmernden Lichterglanze sehen sie Dinge auf dem Baume hängen oder auf dem Tische herum gebreitet, die alle Vorstellungen ihrer Einbildungskraft weit übertreffen, die sie sich nicht anzurühren getrauen, und die sie endlich, wenn sie sie bekommen haben, den ganzen Abend in ihren Ärmchen herum tragen und mit sich in das Bett nehmen. Wenn sie dann zuweilen in ihre Träume hinein die Glockentöne der Mitternacht hören, durch welche die Großen in die Kirche zur Andacht gerufen werden, dann mag es ihnen sein, als zögen jetzt die Englein durch den Himmel, oder als kehre der heilige Christ nach Hause, welcher nunmehr bei allen Kindern gewesen ist und jedem von ihnen ein herrliches Geschenk hinterbracht hat, **schreibt der aus Böhmen stammende Schriftsteller Adalbert Stifter (1805–1868) in seiner Novelle** *Bergkristall*.

85 | KINDER

DIE LONDON ILLUSTRATED NEWS ZEIGEN EINE KINDERBESCHERUNG
UM 1856.

AMALIE AUGUSTE PRINZESSIN VON ANHALT DESSAU (GEB. 1793)
SCHMÜCKT EINEN WEIHNACHTSBAUM.

Weihnachten wird erst dann zu einem großen Fest, das auch relativ nüchterne, abgeklärte Erwachsene tief beeindruckt, wenn wir Erwachsenen kleine Kinder oder Enkel dabei erleben dürfen. In ihren Augen spiegelt sich das Wunder der Heiligen Nacht. Dass für die Kleinen mehr als ein »Bescherfest« in Erinnerung bleibt, liegt auch mit in unserer Hand. Es ist nicht immer leicht, mehr als eine Erwartungshaltung aufzubauen, die mit dem Wunsch nach möglichst großen Geschenken bald Frust und Lustlosigkeit erzeugt. Vielleicht haben wir mit den Kindern gemeinsam die Vorbereitung des Festes erlebt, mit Backen, Basteln und weihnachtlichen Gedichten und Geschichten, haben wir ihnen aus unseren Erinnerungen erzählt, haben wir ihre Gedanken angeregt, Verwandten und Freunden eine Freude zu bereiten. Versuchen wir doch, ihnen den Hintergrund dieses Festes altersgemäß nahe zu bringen, pflegen wir Geheimnis und Überraschung, vielleicht manchmal mit einem Augenzwinkern begleitet, wenn wir wissen oder ahnen, dass unsere Lieben dem Glauben an die Bescherung durch das Christkind entwachsen sind! Es sind die liebenswerten Familientraditionen oder regional beeinflussten Bräuche, die den Charme der Tage vor und nach dem Weihnachtsfest ausmachen.

Wenn er an seine Kindheit denkt, speziell an den Heiligen Abend, so sieht ein Freund, der bei Marienbad aufgewachsen ist, immer seinen Großvater vor sich. Bis 1947 konnte die Familie das festtägliche Essen gemeinsam einnehmen. Obwohl es ein mehrgängiges Menu war, mussten alle Speisen in Reichweite rund um den Esstisch aufgebaut werden, an dem Großeltern, Eltern und Sohn Platz nahmen. Während des gesamten Mahles durfte keiner aufstehen, das war ein festes Gebot. Am Schluss aber nahm der Großvater mit seinen ruhigen, beinahe in Zeitlupe ablaufenden Bewegungen einen schönen großen Apfel und begann, ihn mit einem Messer zu zerteilen. Jeder sollte ein Stückchen davon bekommen. Na gut, werden Sie sagen, damit wird ein gewisser familiärer Zusammenhalt symbolisiert. Aber es geht noch weiter. Beim Zerschneiden des Apfels durfte kein Kern gespalten werden, auf keinen Fall. Denn das hätte bedeutet, dass sich einer verläuft. In den weitläufigen Waldgebieten seiner alten Heimat war das damals noch eine echte Gefahr und die Sitte des Apfelschnitts war – so der Freund – weit verbreitet. Man kann es jedoch auch im übertragenen Sinn auffassen. Keiner möge sich verlaufen! Man muss zueinander stehen.
Ein Zeremoniell und gewisse Riten gehören zum Fest, in diesem Bewusstsein sind die Kinder Fritz und Marie in E.T. A. Hoffmanns Erzählung *Nussknacker und Mausekönig*, geschrieben 1816, aufgewachsen:

❋

So wußten die Kinder wohl, daß ihnen die Eltern allerlei schöne Gaben gekauft hatten, die sie nun aufstellten, es war ihnen aber auch gewiß, daß dabei der liebe Heilige Christ mit gar freundlich frommen Kinderaugen hineinleuchte und daß wie von segensreicher Hand berührt, jede Weihnachtsgabe herrliche Lust bereite wie keine andere. Daran erinnerte die Kinder, die immer fort von den zu erwartenden Geschenken wisperten, ihre ältere Schwester Luise, hinzufügend, daß es nun aber auch der Heilige Christ sei, der durch die Hand der lieben Eltern den Kindern immer das beschere, was ihnen wahre Freude und Lust bereiten könne, das wisse er viel besser als die Kinder selbst, die müßten daher nicht allerlei wünschen und hoffen, sondern still und fromm erwarten, was ihnen beschert werde.

87 } KINDER

Wie ausgeprägt früher die Meinung war, dass das »richtige« Fest das Vorhandensein von Kindern bedingt, unterstreicht der ungarische Schriftsteller Sándor Márai (1900–1989) in dem Roman *Ein Hund mit Charakter*, den er Weihnachten 1928 in Budapest beginnen lässt. Ein kinderloses Paar begeht zum zehnten Mal gemeinsam das Fest. Ein dürres Fichtenbäumchen ist mit den Überbleibseln angegrauten Christbaumschmucks behängt, so dass es eher kümmerlich wirkt. Zudem hat der ganze Aufbau auch noch eine Schieflage, steht nach vorn geneigt wie alle Weihnachtsbäume, die kinderlose Ehepaare ungeschickt, weil wissentlich unberechtigt, für sich aufstellen. Das Recht auf eine hübsche Feier wird dem Paar vom Autor geradezu aberkannt! Das ist jedoch sicher kein Grund, sich selbst die Freude an Weihnachten abzuerkennen, wenn eigene Kinder nicht vorhanden oder nicht in Reichweite sind: Nicht nur beherzte Großeltern, die weit von ihren Enkeln wohnen, auch kinderlose Nachbarinnen und Patentanten oder –onkel sollen sich schon Kinder »ausgeliehen« haben, um mit ihnen das Weihnachtsbasteln oder das adventliche Plätzchenbacken zu zelebrieren und dabei ein wenig die eigene Kindheit zurückzuholen – oft sehr zur Freude der gestressten Eltern …

Kinder schätzen es besonders, wenn sie an bevorstehenden Ereignissen beteiligt werden. Dann entwickeln sie Interesse und Eifer. Ihre Offenheit ist ganz unverstellt. Jetzt möchten Sie wissen, woran ich denke.

Eine Dame aus Köln berichtete von einem alten Adventbrauch aus ihrer Kindheit. Bereits zum ersten Advent wurde aus der Schachtel mit der Weihnachtskrippe die leere Futterkrippe herausgenommen und im Wohnzimmer aufgestellt. Daneben wartete eine Schachtel mit Strohhalmen, und immer, wenn das kleine Mädchen etwas Gutes tat, durfte es einen Strohhalm in die Krippe legen, damit das Christkind zu Weihnachten sozusagen auf ihren guten Taten weich gebettet lag und nicht in der leeren, harten Krippe strampelte.

↪ BESONDERS STOLZ SIND DIE KINDER, WENN SIE MIT IHRER WEIHNACHTSBÄCKEREI ANDERE BESCHENKEN.

89 } KINDER

Kinder lieben Geschichten, sie lieben zum Beispiel Geschichten mit Tieren und Geschichten, die sich um das Christkind drehen. Vielleicht gefällt ihnen die Geschichte, die der Schriftsteller Jules Supervielle (1884–1960) geschrieben hat.

Mehrere Tiere baten über die Vermittlung von Ochs und Esel darum, das Jesuskind kennenzulernen. Und nachdem Josef zugestimmt hatte, wurde eines Tages ein Pferd, als zuverlässig und schnell bekannt, vom Ochsen bestimmt, das vom folgenden Tage an alle einladen sollte, die kommen mochten.

Ochs und Esel fragten sich, ob man wilde Tiere einlassen würde, und auch Dromedare, Kamele, Elefanten: alles Tiere, die ein wenig verdächtig sind durch ihre Buckel, Rüssel und ein Übermaß an Bein und Fleisch. Dasselbe galt für Ekel erregende Tiere wie die Skorpione, Taranteln, die Riesenspinne, die Schlangen, alle, die Gift in ihren Drüsen entstehen lassen.

Die Jungfrau zögerte nicht. »Ihr könnt alle hereinkommen lassen, mein Kind ist so sicher in seiner Krippe, als sei es im höchsten Himmel.« »Und einer nach dem andern«, sagte Joseph in fast militärischem Ton, »ich will nicht, dass zwei Tiere auf einmal durch die Tür kommen, sonst findet man sich ja gar nicht mehr zurecht.«

Die Hunde konnten es nicht lassen, ihre Verwunderung zu zeigen: Sie durften nämlich nicht im Stall wohnen wie Ochs und Esel. Statt einer Antwort streichelte sie jeder, und so gingen sie wieder, voll sichtlichen Danks.

Als man an seinem Geruch das Kommen des Löwen bemerkte, wurden Ochs und Esel unruhig. Der Löwe trat ein mit seiner Mähne, die nie gekämmt worden war außer vom Wüstenwind, und mit melancholischen Augen, die sagten: »Ich bin der Löwe, was kann ich denn dafür; ich bin nur der König der Tiere.«

Dann sah man, dass seine größte Sorge war, möglichst wenig Platz im Stall einzunehmen, was nicht leicht war, wie auch zu atmen, ohne etwas in Unordnung zu bringen. Er trat vor mit gesenkten Lidern und verbarg sein wunderschönes Gebiss wie eine hässliche Krankheit. Die Jungfrau hatte Mitleid und wollte ihn beruhigen mit einem Lächeln, wie sie es sonst nur für das Kind übrig hatte. Der Löwe blickte geradeaus, mit einer Miene, als sage er in noch verzweifelterem Ton als vorher: »Was habe ich denn getan, dass ich so groß und stark bin? Ihr wisst doch alle, dass ich immer von Hunger und der frischen Luft getrieben war, wenn ich fraß; und ihr kennt ja auch das Problem der Löwenjungen. Wir haben alle mehr oder weniger versucht, Pflanzenfresser zu werden, aber Pflanzen sind nichts für uns, die bekommen wir nicht runter.«

Dann senkte er seinen riesigen Kopf, auf dem die Haare wie explodiert standen, und legte sich traurig auf den harten Boden; die Quaste seines Schweifs wirkte ebenso niedergeschlagen wie sein Kopf; inmitten einer großen Stille, die allen zu Herzen ging.

Der Tiger warf sich, als er an die Reihe kam, auf die Erde und machte sich so flach, bis er vor lauter Selbstvorwürfen wie ein Bettvorleger vor der Krippe lag. Doch dann, in Sekundenschnelle, war er wieder ganz da mit einer unglaublichen Härte und Spannkraft, verschwand, ohne noch etwas hinzuzufügen.

Die Giraffe zeigte für kurze Zeit ihre Füße an der Tür, und jeder war der Meinung, dass das »zähle«, als ob sie den Besuch an der Krippe gemacht habe. Das gleiche war beim Elefanten; er begnügte sich damit, auf der Schwelle niederzuknien und seinen Rüssel wie ein Weihrauchfass zu schwenken, was allen gut gefiel.

Ein Hammel mit unheimlich viel Wolle wünschte, auf der Stelle geschoren zu werden, aber man ließ ihm sein Vlies mit verbindlichem Dank. Mutter Känguruh wollte mit aller Gewalt Jesus eines ihrer Kinder schenken, mit dem Vorwand, dass das Geschenk von ganzem Herzen komme und dass es sie nicht beraube, denn sie habe noch andere kleine Känguruhs zu Hause. Aber Joseph wollte es nicht, und sie musste ihr Kind wieder mitnehmen.

Der Strauß hatte mehr Glück; er legte in einem unbeobachteten Moment ein Ei in den Winkel und kam ohne Lärm fort. Das Andenken wurde erst am nächsten Tag entdeckt, und zwar bemerkte es der Esel. Er hatte noch niemals etwas so Großes und Hartes als Ei gesehen und wollte an ein Wunder glauben… Da belehrte Joseph ihn eines Besseren: Er machte daraus ein Omelette.

Die Vögel ließen, wenn sie fortflogen, ihre Lieder da, Tauben ihre Liebe, Affen ihre Lausbübereien, Katzen ihre Blicke, Turteltäubchen die Süße ihrer Kehle.

Sicher gibt es nach dieser Geschichte noch ein wenig zu reden, über die Eigenart der verschiedenen Tiere, welche Streiche die Affen machen konnten, vielleicht in Erinnerung an unseren letzten gemeinsamen Zoobesuch, oder wir bekommen die Anregung, mal wieder die verschiedenen Tiere im Zoo zu beobachten. Wir können auch gemeinsam mit den Kindern überlegen, worüber sich das kleine Kind in der Krippe freuen würde, wenn wir bei einem Besuch ein Geschenk mitbringen würden. ✻

ALS DIE HIRTEN ZUR KRIPPE KAMEN, BRACHTEN SIE SICHERLICH IHRE SCHAFE MIT.

Tafeln

Gleich, ob es sich in früheren Jahrhunderten um Weihnachtsgeschichten, um Beschreibungen der Heiligen Nacht oder des Christbaumes handelt, das leibliche Wohlergehen spielt darin eine herausragende Rolle. Uns ist schnell klar, weshalb: Nach 40-tägiger winterlicher Fastenzeit (bis 1917) sehnte sich jeder nach einer deftigen Speise. Der Überlieferung nach diente sie außerdem in einer doch immer vom Hunger bedrohten Welt als Glücksbringer gegen Elend und Ernteausfall im kommenden Jahr. Dass davon ein Pfarrhaus nicht so unmittelbar betroffen war, zeigt die Speisenfolge für das Weihnachtsfest 1867 im Kochbuch des Grafenauer Pfarrhauses: 1. Suppe mit Reisnockerl, 2. Spanfackl mit Senft, 3. Rindfleisch mit Blaukraut, 4. Gebackenes Lam mit Bomarantzensalat, 5. Weinstriezerl, 6. Rehbraten mit Kapernsoß und Hetschebesoß, 7. einen Gristbaum mit Konfekt, 8. Wein.

EIN FESTLICH GEDECKTER TISCH GEHÖRT ZUM WEIHNACHTSFEST.

VON WEIHNACHTLICHER VÖLLEREI

Der französische Schriftsteller Alphonse Daudet (1840–1897) lässt den Lesern in seiner im 17. Jahrhundert spielenden Erzählung *Die drei Stillen Messen – Eine Weihnachtsgeschichte aus der Provence* geradezu rauschhafte Zustände miterleben, wenn er die Menufolge des Festtagsschmauses schildert, die den Schlosskaplan im Anschluss an die Mitternachtsmesse bei seinem Dienstherrn, dem Edlen Sire de Tringuelaque erwartet. Es ist, als habe der Teufel selbst die Gestalt des Messdieners Garrigou angenommen, um den hohen geistlichen Herrn mit der Aufzählung der Köstlichkeiten zur Todsünde zu verlocken, der Leckermäuligkeit:

»Zwei Truthennen, gefüllt mit Trüffeln, Garrigou …?« »Ei und wie, Hochwürden, zwei leckere, herrliche Truthennen – und vollgestopft mit Trüffeln! …« »Jesus-Maria, und ich esse die Trüffeln doch für mein Leben gern – Garrigou, mach schon, reich mir mein Chorhemd her! … Und außer den Puten? Was hast du da noch so gesehen in der Küche…?!« – »O, ah! Alle möglichen guten Sachen…

Seit dem Mittagsläuten haben wir nichts getan als gerupft: Fasanen, Wiedehöpfe, fette Haselhühnchen, Birkhähne… Es stiebte überall nur so von Federn! – Und was dann so noch aus den Fischweihern herangeschleppt wurde: die Aale, die Goldkarpfen, Forellen und …«

Die Bemerkung des vermeintlichen Mesners, dass neben den Weinen, die dazu gereicht werden »in allen Farben funkelnd« der Messwein natürlich nicht bestehen könne, versetzt Hochwürden in taumelnde Vorfreude.

Seine Phantasie schweift ab und begibt sich in die Nähe der großen Schlossküche, als wäre er heimlicher Zeuge der Vorbereitungen.

Man konnte das Geklicker der sich drehenden Bratspieße hören, das Scheppern der hin und her gerückten Schmorpfannen, Klirren von Kristallgläsern und von all dem Silberzeug, das beim Anrichten solch eines Festmahles andauernd in Bewegung war.

Ein »Hauch aus der Weihnachtsfestküche« mischt sich in den Weihrauch verströmenden Duft der kleinen Schlosskirche. Der Geistliche kann sich kaum auf seine Messfeier konzentrieren, und es waren doch drei Messen hintereinander zu feiern.

Mit einem wilden Eifer bückt er sich nieder, fährt wieder hoch, wirft er um sich mit den Kreuzeszeichen, macht er seine Knickse, kürzt er alle Gebärden, die zu der heiligen Handlung gehören, ab, um nur so schnell wie möglich, ja noch schneller zu Ende zu kommen.

Später, im Speisesaal herrscht eitel Freude: Hochwürden Dom Balaguère spießte behaglich seine Gabel hinein in den knusprigen Flügel vom rotbraunen Haselhuhn da vor ihm und ertränkte die Gewissensskrupel, die über seine Sünde in ihm aufkommen wollten, unter Fluten päpstlichen Weines und deckte alles fein mit dem saftigen Fittich des herrlichen Geflügels zu.

DIE METTENSAU WURDE OFT SCHON IM SOMMER DAZU AUSERSEHEN, DEN
FESTTAGSBRATEN ZU BILDEN, UND ENTSPRECHEND GEMÄSTET.

DIE METTENSAU

So luxuriös ging es nicht überall zu. Wesentlich bodenständiger sind die Schilderungen des jungen »Waldbauernbubs« Peter Rosegger, der sich mit knurrendem Magen das bevorstehende Weihnachtsmahl ausmalt, das, wie es früher vor allem bei Katholiken üblich war, nach der Mitternachtsmette gegessen wurde:

Ein Schwein ist ja auch geschlachtet worden daheim, das gibt Fleischbrühe mit Semmelbrocken, Speckfleck, Würste, Nieren-Lümperln, Knödelfleisch mit Kren, dann erst die Krapfen, die Zuckernudeln, das Schmalzkoch mit Weinbeerln und Safran! – Die Herrenleut da in Langenwang haben so was alle Tag, das ist nichts, aber wir haben es im Jahr einmal und kommen mit unverdorbenem Magen dazu, das ist was!

Die Schilderung dieses Festmahls trifft sicher für die meisten Familien auf dem Land zu. Im bäuerlichen Leben spielte das Schwein als Festtagsbraten die Hauptrolle. Das Schwein übertraf nämlich alle anderen Haustiere an Nutzbarkeit, denn neben seinem Fleisch konnten Speck, Bauch, Weichteile und Schwarte gegessen werden und sogar das Blut zu Suppe oder Wurst verarbeitet werden. Der Volkskundler und Nahrungsforscher Sauermann berichtet aus Westfalen, »Schweinekopf und Schinken waren die entscheidenden älteren Festtagsgerichte Westfalens« und zitiert einen Befragten:

»Als Abschluss der Fasten gab es am Weihnachtsmorgen (…) den Schweinekopf. Er war geräuchert und gekocht; hinter die Schwarte wurden Pfeffer und Zwiebeln geschoben, dann musste er im geschlossenen Topf ziehen.«

Wer Vorfahren aus Ost- oder Westpreußen hat, kennt vielleicht aus Erzählungen noch den geräucherten Schweinekopf, mancherorts auch Schweineschinken mit Pflaumenkeilchen – eine Feiertagssuppe aus dicker Milch mit Weizenmehl und Sahne angerührt, mit Eigelb, Safran, Zucker, Anis und Zimt abgeschmeckt, angereichert mit Weizenmehlklößen (»Keilchen«) und Trockenpflaumen – kalt serviert war sie noch um 1900 das traditionelle Weihnachtsessen. Es »stand fast im Range einer Nationalspeise«. Und auch über diese Region heißt es, »Geflügelbraten im Weihnachtsessen sind erst vereinzelt seit der Jahrhundertwende in unserem Untersuchungsgebiet bekannt«. Seit dem Beginn des 20. Jahrhunderts wurde die Suppe dann zu Enten- und Gänsebraten gereicht.

95] TAFELN

Pflaumenkeilchen

✳ ✳ ✳

½ Pfund getrocknete Birnen, ½ Pfund getrocknete Pflaumen, 1 ½ l Wasser, ½ Pfund durchwachsener Speck (geräuchert), 3 Gewürznelken, Salz, Zucker, 1 Stück Schale von einer unbehandelten Zitrone, 1 EL Pflaumenmus, ½ Pfund Mehl, 2 Eier, etwas Kartoffelmehl.

Das Trockenobst schon am Vortag in Wasser einweichen, dann die Birnen halbieren und die Pflaumen entkernen. Das kalte Wasser in einen Topf geben, den Speck zufügen und etwa eine Stunde lang kochen. Zuerst die Birnen, etwas später die Pflaumen zusammen mit den Nelken, Salz, 2 Esslöffeln Zucker und der Zitronenschale hinzugeben. Weiter köcheln lassen, bis das Obst weich ist, dann das Pflaumenmus unterrühren. In der Zwischenzeit aus Mehl, Eiern, Salz und etwas Zucker einen Teig herstellen, etwas Wasser hinzugeben, damit er sich besser rühren lässt. Mit einem kalten Löffel kleine Klößchen aus dem Teig nehmen und in die heiße Suppe geben. Die Klößchen steigen nach oben, wenn sie gar sind. Dann das Fleisch kurz herausnehmen und in Würfel schneiden, das Kartoffelmehl mit etwas Wasser anrühren und die Suppe damit binden. Die Suppe mit den Fleischwürfeln in Suppentellern servieren.

Die Theorie, der weihnachtliche Schweinebraten gehe darauf zurück, dass die alten Germanen im Winter einen Eber opferten, scheint ein wenig weit hergeholt, soll aber nicht verschwiegen werden. Sie entstand unter dem Einfluss der Brüder Grimm, die deutsche Bräuche gern bis in graue Vorzeit zurückverfolgen wollten. Und da im Aberglauben der Gott Odin, auch Wodan genannt, in den schlimmsten Herbst- und Winterstürmen höchst persönlich herumwirbelte und von ihm Unheil drohte, galt es, diesen zu besänftigen, indem man ihm ein Stück seines Symboltieres opferte – das erinnert an die Krapfen, die die Bäuerinnen früher der Frau Percht, die zu den weiblichen Winterdämonen zählt, zur gefälligen Bedienung ins Freie stellten.

Abgesehen von der Bedeutung des Schweins im Aberglauben, die sicher im Laufe der Zeit eine immer geringere Rolle spielte, sind es doch wohl ganz handfeste Gründe, die für gesottenes, geräuchertes oder gebratenes Schweinefleisch zur Weihnachtszeit sprachen. Nur das, was die Bauern auf dem Land während des Jahres groß und fett gefüttert hatten, konnte ihnen auch als Nahrung dienen. Im Spätherbst und Winter waren die Tage der Schlachtungen. Die herrschende Kälte schützte vor schnellem Verderben des Fleisches. Schweine, gelegentlich ein Rind oder eine Ziege, aber auch Gänse und Hühner gehörten zu jedem bäuerlichen Haushalt, und so war es kein Wunder, dass viele Bauernfamilien an den Weihnachtstagen frisch geschlachtetes Schweinefleisch auftischten.

Unter dem Begriff »Mettensau« hat sich dieser Brauch an Weihnachten in Bayern erhalten. Und es sollte keinen Widerspruch darstellen, dass diese durchaus auch einmal schon am Martinstag die häusliche Küche bereicherte. Fleisch ist Fleisch, und so genau konnte man es oft nicht nehmen, weil Nahrungsmittel nicht so wie heute überall verfügbar waren. Fast immer wurde das Schweinefleisch am ersten Weihnachtstag in Bayern in Form von Würsten, den so genannten Mettenwürsten, verspeist.

BEIM WEIHNACHTSMAHL GILT ES, ALLES GUT VORZUBEREITEN, DENN NACH DER TRADITION DARF SICH KEINER MEHR VOM TISCH ERHEBEN, WENN DAS MAHL BEGONNEN HAT.

DIE WEIHNACHTSGANS

Hühner und Gänse, Enten und Truthähne wurden an Markttagen in der Stadt verkauft. Die Martinsgans ist 1171 erstmalig in den Niederlanden bezeugt. Die ersten fetten Gänse wurden im November geschlachtet, denn sie konnten nicht mehr auf die Weide getrieben werden, und Futter war zu teuer. Fest steht, dass schon im 18. Jahrhundert die Gans beim Volk besonders begehrt war, da sich – wie beim Schwein – alle Teile verwenden lassen. Eine Freundin erzählte mir, dass in ihrer weitläufigen Familie aus Böhmen und Österreich in der Nachkriegszeit aus der ausgekochten und getrockneten Gurgel der Weihnachtsgans, gefüllt mit getrockneten Erbsen, Klappern für Babys hergestellt wurden. Befragungen in Westfalen lassen den Schluss zu, dass sich dort »Karpfen, Gänsebraten und Truthahn mit den entsprechenden Beilagen und Sauce« »erst an der Wende vom 19. zum 20. Jahrhundert« eingebürgert haben.

Der sächsische Prediger Junghans hielt im Jahre 1644 sogar eine scherzhafte Predigt über die Weihnachts- oder Martinsgans, in der er den Gläubigen die Tugenden des Vogels wie Geselligkeit, Reinlichkeit und Wachsamkeit als Vorbild für das Verhalten von guten Christen darstellt und ihre Laster, nämlich Schwatzhaftigkeit, Trunksucht und Völlerei als Warnung, ... »dass sie ihr Gemüt niemals zum Himmel schwingen könnten.«

Kaum etwas kann so konservativ sein wie der Essensgeschmack. Die Kunst einer Küche wird gerne gemessen an dem, was man selbst schon als Kind schmecken und woran man sich gewöhnen konnte, also am Würzen. So schmeckt die Weihnachtsgans einem echten Ostpreußen nur, wenn sie mit säuerlichen Äpfeln gefüllt und mit Majoran eingerieben wird, ein Mecklenburger hingegen schwört auf Thymian als Gewürzkraut, in Schleswig-Holstein bevorzugt man zur gebratenen Gans eine mit Rosinen gesüßte Farce.

Obwohl nun das Schwein auf eine respektable Geschichte als Weihnachtsbraten zurückblicken kann, konnte es sich in der öffentlichen Meinung nicht durchsetzen. Abgesehen davon, dass man unterscheiden muss zwischen dem Essen am Heiligabend und am ersten Feiertag – der zweite spielt vergleichsweise eine Nebenrolle – meinen die meisten, das traditionelle Weihnachtsessen sei die Gans mit Rotkohl und Klößen. Das komme – so das einleuchtende Ergebnis jüngster Forschung – durch die Vereinfachung und Darstellung weihnachtlichen Festessens in Werbung, Fernseh-Serien und Weihnachtsfilmen: »Das Bild vom Gänsebraten hat sich gewissermaßen selbst multipliziert.«

Die vergnügliche Erklärung, dass die Gans als Weihnachtsbraten in England ihren Ausgangspunkt nahm, bleibt eine Legende. Es wird erzählt, dass die englische Monarchin Queen Elisabeth I. am Heiligen Abend des Jahres 1588 gebratene Gans gegessen habe, als sie die Nachricht erhielt, ihre Flotte habe die spanische Armada besiegt. Seit dem sei die Gans ein Weihnachtsfestbraten und sei dadurch auch bei uns Tradition geworden. Da die Queen aber höchstpersönlich am 8. August 1588 bei ihren Truppen in Tilbury vor der großen Schlacht eine Rede hielt und erst nach dem Sieg wieder abreiste, kann die Geschichte nicht ganz stimmen.

GLÜCK BRINGENDE SPEISEN

Wir haben das höchst interessante Ergebnis einer Umfrage der Volkskundler, was denn unseren Vorfahren bei einer möglichen Festspeisentradition wirklich wichtig war. Sie umfasste die Zeit zwischen 1880 und 1930 und bezog sich auf die Gebiete Schlesien, Böhmen, Sachsen und das nördliche Bayern. – Wichtig war nicht der Festtagsbraten, sondern es zählte das, was am Jahresende finanzielles Glück verhieß. Dabei machte man auch keinen großen Unterschied zwischen dem ersten Weihnachtsfeiertag und Silvester. Was zählte, war der alles beherrschende Glaube an das Glück – hier allerdings vorwiegend das finanzielle Glück – zum bevorstehenden Jahreswechsel. Auf dem festlichen Speisezettel war, flapsig gesagt, alles gefragt, was rund war und quoll, damals vorzugsweise aus Hirse. Und da fällt einem vielleicht das Märchen vom Hirsebrei ein, der nicht aufhören will zu quellen und sich aus dem Topf über ein ganzes Dorf ausbreitet – ein Zeichen überquellenden Wohlstands.

Und wir müssen an die Linsen denken, die heute noch einer alten Tradition folgend jeweils am Mittag des Weihnachtsheiligabends und am Mittag des Silvesterabends gegessen werden, damit im nächsten Jahr das Geld nicht ausgeht. So sehr dies auch erstaunen mag, dazu gehört auch der »rochene Karpfen«, also der mit den vielen Eiern. Dazu zählen ebenso Klöße, egal ob aus Kartoffeln gekocht und würzig oder aus Semmeln und süß. Sowohl der Fisch als auch die Klöße sind jedoch etwas moderner als Hirse. Außerdem neigten wohlhabende Familien zu Karpfen, ärmere hingegen zu süßen Hirsespeisen. Dass die Hirse eine so beherrschende Rolle spielte, hat mit ihrem Anbau zu tun, aber auch mit alten Gewohnheiten. Sie beherrschte die Brauch- und Festtagsküche, während die Kartoffel als Not- und Armennahrung eingeführt worden war.

Überhaupt müssen wir uns von der Vorstellung verabschieden, dass die Menüfolge relativ einheitlich war. Genau das Gegenteil war der Fall. Selbst das so genannte »Neunerlei«, in Sachsen weit verbreitet und vor allem im Erzgebirge heute noch gepflegt, konnte zwar aus Hirsebrei, Sauerkraut, Bratwurst, Klößen, Kartoffelsalat, Hering, Semmelsuppe, Linsen und Brot bestehen – musste aber nicht. Vergleichbar mit den dreizehn Desserts der Provence, die sich variieren ließen und sich nach dem richteten, was der ländliche Haushalt bot, war auch die Speisenzusammenstellung beim Neunerlei höchst unterschiedlich. Wichtig waren die Zahl der Speisen und ihre Symbolkraft, denn die Neun verhieß Glück; Hirse, Linsen und Klöße einen gefüllten Geldbeutel.

DIE SCHUPPEN DES WEIHNACHTSKARPFENS VERHEISSEN GLÜCK UND WOHLSTAND.

WEIHNACHTSKARPFEN UND ANDERE FISCHGERICHTE

Es gibt jedoch auch Gegenden, in denen schon aufgrund der Fastentradition am Heiligen Abend bevorzugt Fisch gegessen wird. Da kann es Heringssalat geben oder auch Karpfen – ein Fisch, dem auch eine besondere »Zauberkraft« innewohnen soll. Ein paar Schuppen vom Weihnachtskarpfen in den Geldbeutel, und die globale Finanzkrise geht spurlos am eigenen Portemonnaie vorbei – oder nicht? Schon Senator Thomas Buddenbrook glaubte bei Thomas Mann an die Wirkung der Karpfenschuppen – im Roman hat es ihm allerdings nicht geholfen. Für Karpfenliebhaber hier vielleicht ein paar Anregungen, den Karpfen *wie früher* auf dreierlei Weise zuzubereiten. Die Rezepte stammen aus dem Sudetenland im heutigen Tschechien, der kleine Ort hieß Leibitsch (Liboc), die Gegend ist wasserreich, und es gab viele Karpfenteiche. Von dort wurden die Karpfen lebend und in feuchten Tüchern verpackt in einem Leiterwagen nach Hause transportiert. Sie durften dann in der Badewanne weiter schwimmen, bevor sie morgens geschlachtet wurden. Dies geschah nicht vor den Augen der Kinder. Tagsüber wurde in dieser Familie gefastet, so dass das viergängige Menu am Abend sehnsüchtig erwartet wurde. Der erste Gang war eine Fischsuppe aus den Innereien der Karpfen gekocht, wobei der Rogner höher im Kurs stand als das Milchner. Man glaubte, er wäre ein besserer Garant für den Zufluss von Geld im kommenden Jahr.

Fischsuppe

NACH EGERLÄNDER ART

* * *

Suppengrün und Zwiebeln klein schneiden und in Butter anschwitzen, Fleischbrühe hinzufügen, aufkochen lassen, Rogen und Milchner hinzugeben, Lorbeerblatt, 2–3 Nelken, Piment, etwas Essig, Salz Pfeffer und etwas Zitronenschale hinzufügen und etwa ½ Stunde köcheln lassen. Die Innereien zerkleinern. Eine Einbrenne (Mehl in Butter anschwitzen) macht die Suppe sämig. Aufkochen, umrühren und mit Essig, Zitronensaft, süßer Sahne, 1 Prise Zucker, vielleicht noch etwas gekörnter Brühe und Weißwein abschmecken. Mit gerösteten Semmelwürfeln servieren.

Danach wurde Karpfen blau serviert, mit Kartoffeln und Sahnemeerrettich, und als Höhepunkt Karpfen schwarz mit kleinen Knödeln, klein deshalb, weil es ja auch noch panierten Karpfen mit Kartoffelsalat gab. Zwischen all diesen Herrlichkeiten fanden sich noch siebenerlei Salate angerichtet, die Tafel muss sich wohl gebogen haben. Die Hausfrau durfte sich während des Festessens nicht vom Tisch erheben, das hätte Unglück gebracht. So ist es wohl nützlich gewesen, wenn Töchter im Hause waren, die diese Aufgaben übernahmen.
Für ein Karpfenrezept ziehen wir wieder das alte Kochbuch von Mary Hahn aus dem Jahre 1912 zu Rate.

WEIHNACHTLICHE GLANZBILDER VERSCHÖNERN DEN TISCH – AUF VORSATZ UND BASTELBOGEN DIESES BUCHES SIND GEEIGNETE BILDER ZU FINDEN

Karpfen blau

✳ ✳ ✳

Der Flußkarpfen ist dem Teichkarpfen vorzuziehen, weil letzterer oft einen sumpfigen Moosgeschmack hat. Er wird kurz vor dem Kochen getötet, nicht geschuppt, im Wasser ausgenommen, damit der Schleim auf den Schuppen nicht abgestreift wird, innen gewaschen und ganz oder in dicke Scheiben geschnitten, mit etwas heißem Essig übergossen.

Man legt ihn dann in kochendes Salzwasser mit Zwiebelscheiben, Gewürz und Lorbeerblatt und lässt ihn zugedeckt 15–20 Min. ziehen. Auch die Karpfenmilch wird mitgekocht, die als Leckerbissen gilt. Dann setzt man ihn auf den Bauchlappen auf die Schüssel, garniert mit krauser Petersilie und reicht frische Butterkugeln und geriebenen mit Essig, Zucker und Salz und wenn möglich mit etwas geschlagener Sahne vermischten Meerrettich dazu. Sehr schön sieht dieser blaugekochte Karpfen aus, wenn man ringsum Petersilie legt und die Seiten und den Rücken des Fisches mit schön rotgekochten Krebsen garniert. Auf den Rücken kann man anstatt der Krebse auch recht große Krevetten spießen. Auch kann man den Karpfen in seiner Brühe erkalten lassen und kalt servieren, mit Gelee überglänzt und mit grobgehacktem oder in Dreiecke geschnittenem Gelee umgeben und Remouladensauce dazu servieren. Übriggebliebenen Karpfen gibt man kalt entgrätet und mit Mayonnaisensauce überfüllt.

NACHTISCH

Und der Nachtisch? Wir haben schon gehört, dass beim sächsischen Neunerlei Nüsse und Semmelmilch beliebt waren – »Nuss und Mandelkern« gehören ja seit jeher zur Weihnachtszeit. Für einen traditionellen Nachtisch mit Nüssen kehren wir noch einmal in zu unserem gefräßigen Dom Balaguère zurück, beziehungsweise in seine Heimat, die Provence. Weit über ihre Grenzen hinaus bekannt ist die Gepflogenheit, nach dem *Gros Souper*, dem traditionellen provençalischen Weihnachtsessen, dreizehn verschiedene Desserts zu servieren, nach der Zahl der Aposteln mit Jesus. Dabei wählte man aus den typischen Früchten der Region, die vor allem früher aus häuslicher Produktion stammten. Sie gehörten alle zu den Wintervorräten und waren weder luxuriös noch raffiniert: Äpfel, Birnen, Wal- und Haselnüsse, getrocknete Feigen, Mandeln und Rosinen, *nougat blanc* und *nougat noir* und das spezielle Hefegebäck *pompe à l'huile*. Weitere mögliche Desserts sind Quittenbrot, Mandarinen, Schokolade, kandierte Früchte, Datteln und verschiedene Kleingebäcke und Konfekt, wie der berühmte Calisson, aus geriebenen Mandeln, kandierten Melonen und Orangen.

Weißer Nougat

✴ ✴ ✴

500 g Honig, 8 Eiweiß, 500 g geschälte Mandeln, 250 g Haselnüsse, 500 g Würfelzucker, 1 Glas Wasser, Oblatenpapier

Mandeln und Haselnüsse 15 Minuten im Ofen oder in einer beschichteten Pfanne ohne Fett erwärmen, bis sie leicht aufspringen. Zucker und Wasser ungefähr 10 Minuten zusammen erhitzen. Der Zucker sollte große Blasen werfen und gerade beginnen, sich von den Topfwänden zu lösen, dann vom Herd nehmen. In einem großen Topf Honig im Wasserbad erhitzen und langsam flüssig werden lassen. Unter den flüssigen Honig Eiweiß unterziehen. Rühren, bis die Mischung weiß und fest geworden ist. Unter ständigem Rühren den warmen Zucker zugeben. Wenn der Löffel in der Mischung stehen bleibt, die Mandeln und Nüsse zugeben, alles in eine Form geben, die mit Oblatenpapier ausgelegt ist, mit Oblatenpapier bedecken, abkühlen lassen und in Stücke schneiden.

Zu den Desserts trinkt man den *Vin cuit*, einen Dessertwein der Provence, der bei der Herstellung vor der Gärung erhitzt wird, um den Most einzudicken.
Die Desserts werden in kleinen Schüsseln angerichtet und bleiben drei Tage lang auf dem Tisch stehen.

Wir wollen den Lesern nicht vorenthalten, wie es dem hochwürdigen Kaplan aus der Provence am Ende erging:

✴

Und er schmauste und becherte so viel, der arme Herr Hochwürden, dass er noch in derselbigen Nacht an einem schmerzvollen Übelsein verschied …

Glauben Sie nicht, dass die Geschichte so endet. Denn wir müssen verstehen, dass bei aller Sorgfalt, die wir walten lassen, um unser festliches Mahl an Weihnachten zusammenzustellen und unseren Lieben einen besonders genussvollen Abend zu gönnen, es doch auch noch um etwas anderes geht. Und so lässt Daudet unsern Herr Hochwürden am Morgen vor dem allerhöchsten Richter stehen, der ihm bittere Vorwürfe macht, dass er ihm am Heiligen Abend eine Mitternachtsmesse unterschlagen habe, und ihm verkündet, dass er nun zur Strafe dreihundert Weihnachtsmessen zelebrieren müsse, in Anwesenheit all derer, die mit ihm waren. Dies bestätigt ein Augenzeuge, den sein Weg in einer solchen Weihnachtsnacht nach einem Festschmaus, leicht angeheitert, an der Kapelle vorbeiführte, und er spitzte hinein:

✴

… an den Altarstufen kniete - … eine verschrumpfte, greisenhafte Gestalt; sie schwang wie verzweifelt eine kleine Messglocke, …, indes ein Priester, in vergilbte, altgoldene Messgewänder gehüllt, vor dem Altar auf und ab wandelte. … Wer anders wohl konnte das gewesen sein als Hochwürden Dom Balaguère, der dabei war, seine dritte Stille Messe zu zelebrieren…

Ein Wunder geschieht

Ein grundlegendes Thema von Weihnachtsgeschichten ist das Wunder. Keine Jahreszeit ist dafür so geeignet wie diese Zeit der Geheimnisse, der Gefühle, die sonst das ganze Jahr über nicht oder zumindest nicht in dem Maße wahrgenommen werden. Gleich, ob von Weihnachtsfreude erzählt wird oder von Abwehr und Angst, in den Geschichten darf keiner gleichgültig bleiben. Das Wunder, das geschieht, kann auch eine tiefgreifende Veränderung der Menschen bewirken, die es erleben dürfen. Wie lange sie anhält, erfahren wir nicht. Eine dieser geheimnisvollen Wundergeschichten ist die Geschichte *Ein reizender Gast* von dem englischen Schriftsteller Hugh Walpole (1884–1941).

Sie beginnt am Piccadilly Circus in London, drei Tage vor Weihnachten.

Ein junger Mann namens Tubby Winsloe, Sohn aus reichem Hause, überquert ihn gedankenverloren ob des Korbes, den er kürzlich von seiner Angebeteten Diana erhalten hatte

»Ich glaube, du hast ein gutes Herz. Aber dich heiraten? Du taugst zu nichts und bist ungebildet und gefräßig. Du bist schandbar dick, und deine Mutter vergöttert dich!«
– so klingt es ihm noch in den Ohren.

Beim Überqueren dieses geschäftigen Platzes bemerkt er einen auffallend altmodisch gekleideten Fremden, der durch die gesamte Erscheinung sein Augenmerk auf sich zieht.

… das Auffallendste an ihm war der Eindruck rastloser Energie. Ein heimliches Feuer schien in der kräftigen, sehnigen Gestalt zu brennen. Der Verkehr brauste wie toll an ihnen vorbei, und sobald eine kleine Lücke entstand, zappelte der alte Graubart schon vor Ungeduld.

Im nächsten Augenblick gelingt es Tubby, ihn davor zu bewahren, von einem Rolls Royce überrollt zu werden. Anstatt durch die eigene Unachtsamkeit und den vorbeibrausenden Verkehr eingeschüchtert oder verunsichert zu sein, lächelt der alte Mann

… ein reizendes Lächeln war's, das nicht nur seine Augen, sondern auch sein Bart und sogar seine Hände ausstrahlten.

Und er fügt hinzu: »Weihnachten ist eine herrliche Zeit.«
Das allerdings verwundert Tubby, der entgegnet: »Heutzutage ist es nicht mehr Mode, Weihnachten schön zu finden.«
Nun ist es an dem Fremden, sich zu wundern, und die beiden setzen gemeinsam den Weg fort, der eine überlegt, warum die Weihnachtszeit nicht mehr schön ist, »Ach so viel ist geschehen! Die Arbeitslosigkeit – kein Geschäft mehr – Sie wissen schon!«, der andere bekennt, dass er schon lange nicht mehr in London war: »Ich bin älter als ich aussehe«, erwähnt die zu seiner Zeit auf Pflastersteinen ratternden und quietschenden Droschken und Rollwagen. Gerne nimmt er die spontane, ja beinahe unüberlegte Einladung zum Tee bei Tubbys Eltern an. Dass er dieses Ansinnen überhaupt ausgesprochen hat, überrascht Tubby selbst am meisten. Und auch seine Mutter, Lady Winsloe, in der reichen Villa, die einer vergangenen Epoche anzugehören scheint, zeigt sich zu Tubbys Erstaunen erfreut über den Besuch des Mr. Huffam, wie sich der Fremde vorstellt. Sie schätzt seine altmodische Höflichkeit. Entgegen ihren sonstigen Gewohnheiten mustert sie ihn während des Gesprächs.

… Mr. Huffam hatte etwas an sich, das einen förmlich zwang, ihn anzustarren. Es war seine Vitalität. Es war seine offensichtliche Zufriedenheit. Es war seine ungewöhnliche Weste. »Was für ein Glück ich doch habe«, sagte Mr. Huffam, »gerade um Weihnachten in London zu sein! Und obendrein schneit es noch! Alles, wie es sein muss! Schneebälle, Misteln, Stechpalmen …«

Die lebhafte Schilderung Mr. Huffams eines fröhlichen, abenteuerlustigen Jungen, der als Page in einem vornehmen Haus arbeitete, seine Erlebnisse in dieser Familie und mit den Bediensteten berühren und erheitern Lady Winsloe und ihren Mann Sir Roderick auf eine Weise, dass sie ihn tatsächlich bitten, doch ein oder zwei Nächte bei ihnen zu bleiben. Auf geheimnisvolle Weise entfaltet dieser merkwürdige Fremde eine wohltuende Wirkung im Haus. Ein paar Handgriffe, und schon entsteht in der kühlen Villa eine gewisse Behaglichkeit, in der Mr. Huffam interessierte Fragen stellt, über das London von heute, vor allem über Gefängnisse, Irrenhäuser und Kinderfür-

DIE LONDON ILLUSTRATED NEWS ZEIGT UNS EIN ENGLISCHES WEIHNACHTSFEST UM 1858.

sorge. Auch für die gegenwärtige Dichtung interessierte er sich und schrieb allerlei Namen in sein Notizbuch.

Die Mittagsgesellschaft am nächsten Tag überrascht Mr. Huffam mit Erzählungen über das furchtbare soziale Elend, das in seiner Jugend herrschte, und wie er heute überraschende Verbesserungen feststellen konnte. Die Erstausgabe von Dickens Roman *Martin Chuzzlewit* auf einem Seitentisch gibt das nächste Gesprächsthema. Jemand kennt einen, der einen Roman von Dickens neu schreiben will.

Um die Hälfte kürzen. ... Er will alle gefühlvollen Stellen streichen, ... Er sagt, man schulde es Dickens, den Leuten zu beweisen, dass er gar nicht so ohne ist.

Mr. Huffam zeigt sich sehr interessiert. Das Thema Weihnachten hingegen wird in der Runde mit Verachtung gestraft. Doch abends kehrt Mr. Huffam mit Stechpalmenzweigen und Mistelbüschen aus der Stadt zurück, und die Gastgeber, die schon jahrelang ihr Heim nicht mehr weihnachtlich geschmückt hatten, gestalten ihre Halle in der Weise, die der alte Herr ihnen vorgibt. Nach dem Abendessen schlägt er einen Tanz vor und tanzt mit der Hausherrin und einer alten Verwandten was das Zeug hält eine altmodische Polka. Und als ob dies noch nicht genug an Wirbel und Veränderung bedeutet, schlägt er auch noch vor, ein Fest, ein Kinderfest, zu feiern. Er würde die Kinder schon beibringen.

»Es wird ein Fest – so herrlich, wie man's seit Jahren nicht mehr in London gefeiert hat!«

Die Vorfreude steckt selbst den Hausherrn an: Beim Mittagessen aß Sir Roderick Truthahn und Weihnachtspudding,

107 } EIN WUNDER GESCHIEHT

die er schon seit vielen Jahren nicht mehr angerührt hatte.

Um viertel nach sieben klingeln die ersten kleinen Gäste. Dann kamen sie haufenweise: große und kleine Kinder, dreiste Jungen, Kleine, die kaum laufen konnten und von ihren älteren Schwestern bemuttert wurden, manche armselig, manche herausgeputzt, manche ängstlich, andere plappernd wie Äffchen, … Sie versammeln sich auf einer Seite der Halle. Am andern Ende stand der größte, gewaltigste, kühnste Weihnachtsbaum, den sie je erblickt hatten, und der Baum glitzerte vor Kerzen und Lametta und blauen und goldenen und roten Kugeln und war schwer mit Geschenken behangen.

Der Weihnachtsmann – seine Stimme verrät Mr. Huffam – hatte alle Gaben organisiert, gekauft und bezahlt und bittet nun die Erwachsenen, ihm bei der Verteilung behilflich zu sein. Danach kamen Spiele an die Reihe. Der Saal war voll wirbelnder Gestalten und Freudenrufe und Triumphgeschrei, voller Lieder und Pfänderspiel. Tubby konnte sich nicht mehr an Einzelheiten erinnern. Er wusste nur noch, dass seine Mutter plötzlich eine Papiermütze trug und sein Vater eine falsche Nase hatte. … die Kinder lachten und tanzten und jubelten. Diana aber zog Tubby auf die Seite und sagte: »Ach, Tubby, du bist doch ein Schatz! Könntest du nicht immer so sein?«

Nach diesem herrlichen Abend gehen alle glücklich und zufrieden ins Bett. Nur Mr. Huffam nicht, er ist und bleibt verschwunden. Allein die Erstausgabe von *Martin Chuzzlewit* lehnt am nächsten Morgen gegen die Marmoruhr am Kamin und als die Lady verwundert den Band aufschlug, liest sie auf dem Titelblatt in frischer Tintenschrift die Widmung: Lady Winslow in Dankbarkeit von ihrem Freund, dem Autor. Und darunter die Unterschrift: Charles Dickens.

Diese Geschichte gehört zu meinen Lieblings-Weihnachtsgeschichten. Sie berührt uns auch im 21. Jahrhundert: Der sympathische, altmodische Mr. Huffam feiert mit der Familie und ihren Freunden Weihnachten wie früher, wie zu seiner Zeit, und es gelingt ihm durch seine Überzeugung und Begeisterung für das Fest, bei seinen Gastgebern nicht nur ein Umdenken zu erreichen, sondern die Menschen geradezu umzukrempeln und längst verschüttet geglaubte Empfindungen wieder zu wecken. Vielleicht lassen wir uns ja von seinem Enthusiasmus anstecken, wecken unsere Erinnerungen aus der Kinderzeit und erleben das Fest wie der Christbaum bei den Winsloes, an dem die Geschenke hängen: …die roten und gelben und silbernen Kugeln zitterten vor Freude. ✳

Danksagung

Ein herzliches Dankeschön sage ich Walter Poganietz, Privates Conditorei Museum, Kitzingen am Main, Irmgard Clausen, Buchhandlung Riemann in Coburg, dem Sammlerehepaar Birgit und Klaus Müller-Blech, dem Historischen Weihnachtsmuseum in Neustadt bei Coburg, den Kunstsammlungen der Veste Coburg und dem Deutschen Spielzeugmuseum Sonneberg für ihre freundliche Unterstützung, ebenso wie den Mitarbeitern der Coburger Landesbibliothek.

Die Zusammenarbeit mit Dr. Uta Korzeniewski hat mir noch mehr Vergnügen bereitet als beim ersten Buch; die weihnachtlich-kreative Verpackung schnürten in bewährter Weise die Grafiker Finken und Bumiller, wobei sie unter anderem auf Fotos von Alan Colbourn, Coburg, zurückgreifen konnten. Ihnen gebührt mein herzlicher Dank.

Danken möchte ich Freunden wie Barbara, Franz, Toni, Iris, Renate und Babs, dass sie mich an ihren Erinnerungen und Familienbräuchen teilhaben ließen, und Louis, der mir die Anregung zum Feiern einer Waldweihnacht für Tiere und Kinder gab.

Literatur

BEUYS, BARBARA: Familienleben in Deutschland, Neue Bilder aus der deutschen Vergangenheit. München 2006, Erstausgabe Reinbek bei Hamburg 1980

BRÉGEON-POLI, BRIGITTE: » Va pour treize ! « , in: Terrain, Nr. 24: La fabrication des saints, März 1995, S. 145–155, online veröffentlicht am 8. Juni 2007. (http://terrain.revues.org)

BÜHLER, PIERRE: »Für Spys und Trank...«: biblisch-christlicher Umgang mit Essen und Trinken, in: Felix Escher, Claus Buddeberg (Hrsg.) Essen und Trinken zwischen Ernährung, Kult und Kultur, Reihe Zürcher Hochschulforum, Bd. 34, 2003

BRÜCKNER, GILLA: Weihnachten wie früher. Von Christbaumschmuck und Gabenbringern. Ostfildern 2006

DAUDET, ALPHONSE: Briefe aus meiner Mühle. München o.Jg. (Lettres de mon moulin, 1879)

DAXELMÜLLER, CHRISTOPH: Krippen in Franken. Würzburg 1978

EBERSPÄCHER, MARTINA: Der Weihnachtsmann. Zur Entstehung einer Bildtradition in Aufklärung und Romantik. Stuttgart 2002

GOCKERELL, NINA; JAAKS, GISELA: Weihnachtliche Bräuche in Hamburg und Norddeutschland, in München und Oberbayern. München 1985

GOCKERELL, NINA (HG.): Weihnachtszeit. Feste zwischen Advent und Neujahr in Süddeutschland und Österreich 1840-1940. Sammlung Ursula Kloiber. München – London – New York 2000

HANDWÖRTERBUCH DES DEUTSCHEN ABERGLAUBENS, hrsg. V. Hanns Bächtold Stäubli, 10 Bde. (Berlin 1927–1942), Nachdruck Berlin – New York 1987

HIRSCHFELDER, GUNTHER: Kulinarische Weihnacht? Aspekte einer Ernährung zwischen Stereotyp und sozialer Realität. In: Rhein.-westfälische Zeitschrift für Volkskunde, Bd. 53, Jg. 2008, S. 289–314

HORN, ERNA: Bayern tafelt. Vom Essen und Trinken in Altbayern, Franken und Schwaben. Eine kulinarische Kulturgeschichte, München 1980

HÖRANDNER, EDITH: Model : geschnitzte Formen für Lebkuchen, Spekulatius und Springerle. München 1982

LUTHARDT, ERNST-OTTO (HRSG.): Köstliches Backwerk: Schmackhaftes und Unterhaltsames. Würzburg 1999

MEZGER, WERNER: »Brenne auf mein Licht ...« Zur Entwicklung, Funktion und Bedeutung der Brauchformen des Martinstages, in: Martin von Tours. Ein Heiliger Europas, hg. Von Werner Groß und Wolfgang Urban. Ostfildern 1997, S. 273–350

MOSER, DIETZ-RÜDIGER: Bräuche und Feste im christlichen Jahreslauf. Graz – Wien –Köln 1993

SAUERMANN, DIETMAR: Von Advent bis Dreikönige. Weihnachten in Westfalen. Münster – New York 1996

SAUERMANN, DIETMAR (HG.): Weihnachten in Westfalen um 1900. Münster 1979

STIFTER, ADALBERT: Bergkristall, in: derselbe: Werke und Briefe. Historisch-kritische Gesamtausgabe, herausgegeben von A. Doppler und W. Frühwald. Band 2,2 Stuttgart 1982

TEUTEBERG, HANS JÜRGEN, WIEGELMANN, GÜNTER: Nahrungsgewohnheiten in der Industrialisierung des 19. Jahrhunderts. 2. Auflage, Grundlagen der Europäischen Ethnologie Bd. 2, Münster 2005

TOLKSDORF, ULRICH: Essen und Trinken in Ost- und Westpreußen. Teil 1, Marburg 1975

TOLKSDORF, ULRICH: Nahrungsforschung, Aktualisierung von Brigitte Bönisch-Brednich in: Brednich, Rolf W. (Hg.): Grundriß der Volkskunde. Berlin 2001, S.229–242

WEBER-KELLERMANN, INGEBORG: Saure Wochen, Frohe Feste. Fest und Alltag in der Sprache der Bräuche, München und Luzern 1985

WEBER-KELLERMANN, INGEBORG: Die Familie. Geschichte, Geschichten und Bilder. Frankfurt am Main 1989

WEINHOLD, KARL: Die mystische Neun, in: Brauch und Glaube. Weinholds Schriften zur deutschen Volkskunde. Gießen, 1937 Werner, Paul, Werner, Richilde: Weihnachtsbräuche in Bayern. Berchtesgaden 1999, 2. Auflage 2007

WIEGELMANN, GÜNTER: Alltags- und Festspeisen in Mitteleuropa. Innovationen, Strukturen und Regionen vom späten Mittelalter bis zum 20. Jh. Münster – New York – München – Berlin 2006

WOLF, HELGA MARIA: Weihnachten. Kultur und Geschichte. Ein Kalendarium vom ersten Advent bis zum Dreikönigstag, Wien – Köln – Weimar 2005

Bildnachweis

Vor- und Nachsatz: Nach einem Bilderbogen aus der Sammlung Hecht (Aschaffenburg) ✳ S. 2: mauritius images/Flora ✳ S. 6: fotolia Ina Schönrock ✳ S. 7: Kerzen: Drostel; Springerle und Krippe: mauritius images/Ulrich Kerth und Matthias Schlief ✳ S. 8: Kerzen: Drostel; Krippe und Dose: Mauritius ✳ S. 9: Kerzen: Drostel; Bild der Autorin: Brückner ✳ S. 10: fotolia OutdoorPhoto ✳ S. 12: fotolia Artivista/webatelier ✳ S. 14: pixelio Marco Barnebeck oder fotolia jenshagen ✳ S. 15 oben: pixelio AlmutBieber, unten fotolia Outdoor Photo ✳ S. 16: Adventskalender aus der Sammlung Hecht, gezeichnet von Günter Wongel, Berlin ✳ S. 17: links: fotolia PixAchi, rechts: Foto: Alan Colbourn, Coburg ✳ S. 18: links pixelio Bernd von Dahlen; rechts: Foto: Alan Colbourn, Coburg ✳ S. 20: mauritius images/ Klaus Hackenberg ✳ S. 22: Drostel ✳ S. 23: mauritius images/Matthias Schlief ✳ S.24: fotolia Teamarbeit ✳ S. 26: mauritius images/ Rainer Waldkirch ✳ S. 27: Bilderbogen aus der Sammlung Hecht, Aschaffenburg ✳ S. 28: links: Drostel; rechts: Foto: Alan Colbourn, Coburg ✳ S. 29 links und rechts: Alan Colbourn, Coburg ✳ S. 30 links: Bilderbogen aus der Sammlung Hecht, Aschaffenburg; rechts: Alan Colbourn, Coburg ✳ S. 31: Drostel ✳ S. 32 unten: Kunstsammlung der Veste Coburg ✳ S. 34 oben: fotolia Hans Peter Reichartz ✳ S. 36 links: Alan Colbourn, Coburg ✳ S. 37: fotolia fuxart ✳ S. 38: fotolia Horst Schmitt ✳ S. 39: Bilderbogen aus der Sammlung Hecht, Aschaffenburg ✳ S. 40: fotolia studeli ✳ S. 42 oben: Bilderbogen aus der Sammlung Hecht, Aschaffenburg; unten: fotolia 26kot ✳ S. 43: mauritius images/Flora ✳ S. 44 Mitte: Korzeniewski; unten: mauritius images/Flora ✳ S. 45 oben ✳ S. 46 rechts ✳ S. 47 unten: Alan Colbourn, Coburg ✳ S. 47 oben links: pixelio anhua ✳ S. 48 oben: Bilderbogen aus der Sammlung Hecht, Aschaffenburg ✳ S. 50: fotolia Ina Schönrock ✳ S. 52 links: Bilderbogen aus der Sammlung Hecht, Aschaffenburg; rechts: Kunstsammlung der Veste Coburg ✳ S. 54 : mauritius images/Ulrich Kerth ✳ S. 55 links: Drostel;

rechts Alan Colbourn, Coburg ✶ S. 56 links oben und rechts unten: Ina Schönrock ✶ S.57 oben: Deutsches Spielzeugmuseum Sonneberg; unten: Alan Colbourn, Coburg ✶ S. 58: mauritius images/Matthias Schlief ✶ S. 59 oben: fotolia Phoenipix; unten. fotolia Horst Schmitt oder pixelio Richy Schley ✶ S. 60: mauritius images/Flora ✶ S. 62 oben: pixelio Harry Hautumn, unten: fotolia Ina Schönrock ✶ S. 63: fotolia pixelbelichter, S. 64 pixelio Thomas Max Müller ✶ S. 65 links: pixelio S. Hofschlaeger, rechts: Bilderbogen aus der Sammlung Hecht, Aschaffenburg ✶ S. 66: Württembergische Landesbibliothek; Weinmann, Eigentliche Darstellung ✶ S. 67: Fotolia Irene Teesalu ✶ S. 68: pixelio Dietmar Grummt ✶ S. 70: fotolia Maksym Gorpenyuk ✶ S. 72: oben pixelio Harry Hautumn, unten: Alan Colbourn, Coburg ✶ S. 73 oben: pixelio Schneeflockerl, unten: pixelio Sabine Jaunegg ✶ S. 76: fotolia René Metzler ✶ S. 78: fotolia Vansteenwinckel ✶ S. 79 links: pixelio Michael Baudy, rechts: fotolia paul prescott ✶ S. 80: Bilderbogen aus der Sammlung Hecht, Aschaffenburg ✶ S. 81: mauritius images/Matthias Schlief ✶ S. 83 rechts: Alan Colbourn, Coburg ✶ S. 85 links: pixelio Maren Beler ✶ S. 86 links: Alan Colbourn, Coburg ✶ S.86 rechts: Kunstsammlung Veste Coburg ✶ S. 89 links: mauritius images/Matthias Schlief ✶ S. 92: fotolia Heinrich ✶ S. 94: Drostel ✶ S. 95 links: pixelio Miguel Carulla ✶ S. 96 links: fotolia Heinrich, rechts: mauritius images/Red Cover ✶ S. 98: pixelio Harry Hautumn ✶ S. 100: pixelio depeche ✶
S. 101: mauritius images/Flora ✶ S. 106: mauritius images / photononstop ✶ S. 107 links: fotolia 26kot; rechts und S. 108 unten: Alan Coulburn, Coburg ✶ S. 109: mauritius images/ photononstop ✶ S. 110: Drostel ✶ Alle übrigen Bilder: Kriemhild Finken, Prüm

TEXTNACHWEIS: S. 90–91: Aus: Jules Supervielle, L'Enfant de la haute mer, © Editions Gallimard, Paris.

WIR DANKEN ALLEN RECHTEINHABERN FÜR DIE FREUNDLICHE GENEHMIGUNG ZUM ABDRUCK IHRER BILDER UND TEXTE.